水經卷第十一

漢桑欽撰　後魏酈道元注

易水　滱水

易水出涿郡故安縣閻鄉西山

易水出西山寬中谷東逕五大夫城南昔北平侯王譚不同王莽之政子興生五子並避時亂隱居此山故其舊居世以爲五大夫城卽此岳讃云五王在中巃嵸建績者也易水東左與子莊溪水合水北出子莊關南流逕五公城西屈逕其城南五公猶王興之五子也光武卽帝位封爲五侯元才北平侯益才安喜侯顯才蒲陰侯仲才新市侯季才爲唐侯所謂中山之五王也俗又以五公名居矣二館之城澗曲泉清山高林茂風煙披薄觸可栖情方外之士尚憑依舊居取暢林木其水東南入于易水易水又右會女思谷水水出西南女思澗東北流注于易謂之三會口易水又東屈關門城西南卽燕之長城門也與樊石山水合水源西出廣昌鄉縣之樊石山東流逕覆釜山下東流注于易水易水又東歷燕之長城又東逕漸離城南蓋太子丹館高漸離處也易水又東逕武陽南蓋易自寬中歷武夫關東出是兼武水之稱故燕之下都擅武陽之名左得濡水枝津故瀆武陽大城東南小城卽固安縣之故城也漢文帝封丞相申屠嘉爲侯國城東西二里南北一里半高誘云易

水逕固安城南外東流耶斯水也誘是涿人事明
經證今水破城東南隅世又謂易水爲固安河武
陽蓋燕昭王之所城也東西二十里南北十七里
故傅逮述遊賦曰出北薊歴良鄉登金臺觀武陽
雨城遼郭舊迹冥芒蓋謂是處也易水東流而出
於范陽

東過范陽縣南又東過容城縣南

易水逕出范陽縣故城秦末張耳陳餘爲陳勝略
地燕命趙蒯通說之范陽先下是也漢景帝中元
三年封匈奴降王代爲侯國王莽之通順也易水
又東與濡水合出故安縣西北窮獨山南谷東流
與源泉水合水發北溪東西流注濡水濡水又東

南逕樊於期館西是其授首於荆軻處也濡水又
東南流逕荆軻館北昔燕丹納田生之言尊軻上
卿館之於此二城並廣一里許俱在罡阜之上邪
上而下方濡水又東逕陽城西北舊竭濡水枝流
南入城逕相冢西冢垣城側耶水塘也四周塋城
深廣有若城焉其水側有數陵墳高壯望若青丘
詢之古老訪之史籍並無文證以私情求之當是
燕都之前故墳也或言燕之墳塋斯不然矣其水
之故瀆南出屈而東轉又分爲二瀆一水東注金
臺陂一水逕故安城西側城南注易水夾塘崇峻
邃岸高深左右百步一釣臺參差交跱迢遞相望
更爲佳觀矣其一水東出金臺陂東西六七步南

有金北五十步側陂西北有釣臺高丈方可四十
步陂北十餘步有金臺臺上東西八十許步南北
加減高十餘丈昔慕容垂之爲范陽也戍之即斯
臺北有蘭馬臺並悉高數丈秀峙相對翼臺左右
水流經通長廡廣宇周施浦浦棟堵咸淪柱礎尚
存是其基構可得而尋意欲圖還上京阻行旅造
次不獲遂心訪諸耆舊咸言昭王禮賓廣延方士
至如郭隗樂毅之徒鄒衍劇辛之儔宦遊歷說之
民自遠而屆者多矣不欲令諸侯之客伺隙燕邦
故修連下都館之南垂言燕昭創之於前子丹踵
之於後故彫牆敗館尚傳鐫刻之名雖無紀可憑
察其古跡似符傳矣濡水自堰又東逕紫池堡西

屈而北流又有渾塘溝水注之水出酋縣西白馬
山南溪中東南流入濡水濡水又東至塞口古壘
石堰水處也濡水舊枝分南入城東大陂陂方四
里今無水陂內有泉淵而不流際池北側俗謂聖
女泉濡水又東得白楊水口出酋之西山白楊嶺
下東南流入濡水時人謂之虎眼泉也濡水東合
檀山水水道縣西北檀山西南南流與石泉水會
水出石泉固東南隅水廣二十許步深三丈固在
衆山之內平川之中四周絕澗阻水八丈有餘石
高五丈石上赤土又高一丈四壁立直上廣四十
五步水之不周者路不容軌僅通人馬謂之石泉
固固上宿有白楊寺是白楊山神也寺側林木交

蔭叢柯隱景沙門釋法澄建剎於其上更爲思玄之勝處也其水南流注于檀水故俗有并溝之稱焉其水又東南流歷固安縣北而南注濡水又東南流於容城縣西北大利亭東南合易水而注巨馬水也故地理志曰固安縣閻鄉易水所出至范陽入濡水闞駰亦言是矣又曰濡水合渠許慎曰濡水入深深渠二號卽巨馬之異名然二易俱出一鄉同入濡水南濡北易至涿郡范陽縣會北濡又並亂流入淶是則易水與諸水互攝通稱東逕容城縣故城北渾濤東注至勃海平舒縣與易水合闞駰曰涿郡西界代之易水而是水出代郡廣昌縣東南郎山東北燕王仙臺東臺有三峯甚爲

崇峻騰雲冠峯高霞翼嶺岫壑冲深合煙罩霧耆舊言燕昭王求仙處其東謂之石虎罡范曄漢書云中山簡王焉之窆也後其葬採涿郡山石以樹墳塋陵隧碑狩並出此山謂之石虎山山有所遺二石虎後人因以名罡之東麓卽泉源所導也經所謂閻鄉曲其水東流有埶水南會渾波同注俗謂之爲雹河司馬彪郡國志曰雹水出固安縣世祖令耿況擊故安西山賊吴耐蠡符雹上十餘營皆破之卽是水者也易水又東逕孔山北山下有鍾乳穴穴出佳乳採者構火尋炒入穴里許渡一水潛通流注其深可涉於中衆穴奇分令出入者疑迷不知所趣每於疑路必有歷記返者乃尋孔

以自達矣上又有大孔豁達洞開故以孔山爲名
也其水又東逕西固安城其所閻鄉城也歷送荆
陘北者舊云燕丹餞荆軻於此因而名焉世代已
遠非所詳也遺名舊傳不容不詮庶廣後人傳聞
之聽易水又東流屈逕長城西又東流南過武遂
縣南新城縣北史記曰趙將李牧伐燕取武遂方
城是也俗又謂水爲武遂津津北對長城門謂之
分門史記趙世家云孝成十九年趙與燕易以龍
兊汾門與燕燕以葛城武陽與趙卽此也亦曰分
門門又謂之梁門矣易水東分爲梁門陂易水又
東梁門陂水注之水上承易水於梁門東入長城
東北入陂陂水北接范陽陂陂在范陽城西十里

方一十五里俗亦謂之爲鹽臺陂水南通梁門
淀方三里淀水東南流出長汪注易謂之范水易水
自下有范水通目又東逕范陽縣故城南卽應劭
所謂范水之陽也易水又逕樊與縣故城北漢武
帝元朔五年封中山靖王子劉條爲侯國王莽更
名握符矣地理風俗記曰北新城縣東二十里有
有樊與亭故縣也易水東逕容城縣故城南漢高
帝六年封趙將夜於深澤景帝中元三年以封匈
奴降王唯徐盧於容城皆爲侯國王莽更名深澤
易水又東渥水注之其水上承二陂於容城縣東
南謂之大渥澱小渥澱水南流注易水謂之渥同
口水側有渾渥城易水逕其南東合濡水故桑欽

曰易水出北新城西北東入寇自下滱易互受通
稱矣易水又東逕易京南漢末公孫瓚害劉虞於
薊下時童謠云燕南垂趙北際唯有此中可避世
瓚以易地當之故自薊徙臨易水謂之易京城在
易城西四五里趙建武四年石虎自遼西南達易
京以京鄣至固令二萬人廢壞之今者地壁夷平
其樓基尚存猶高一匹餘基上有井世名易京樓
卽瓚所堡也故瓚所與子書云袁氏之攻狀若鬼
神衝梯舞于樓上鼓角鳴于地中卽此樓也易水
又東逕易縣故城南昔燕文公徙易卽此城也闞
駰稱燕太子丹遣荆軻刺秦王與賓客知謀者祖
道於易水上燕太子稱荆入秦太子與知謀者皆

素衣冠送之於易水之上荆歌起爲壽歌曰風蕭
蕭兮易水寒壯士一去兮不復還漸離擊筑宋如
意和之爲壯聲士髮皆衝冠爲哀聲士皆流涕疑
於此也余按遺傳舊跡多在武陽似不餞此也漢
景帝中元三年封匈奴降王僕黥爲侯國也
又東過安次縣南
易水逕縣南鄚縣故城北東至文安縣與雩池合
史記蘇秦曰燕長城以北易水以南正謂此水也
是以班固闞駰之徒咸以斯水謂之南易
又東過泉州縣南東入于海
經書水之所歷沿次注海也
滱水出代郡靈丘縣高氏山

卽溫夷之水也出縣西北高氏山山海經曰高氏之山滱水出焉東流經于河者也其水東南流山上有石銘題言冀州北界故世謂之石銘陘也其水又南逕曰候候塘川名也又東合溫泉水水出西北暄谷其水溫熱若湯能愈百疾故世謂之溫泉焉東南流逕興豆亭北亭在南原上敧傾而不正故世以敧城目之東流注于滱水又東泉水注之水導源莎泉南流水側有莎泉亭東南入于滱水又東逕靈丘縣故城南水中自源南注滱水應劭曰趙武靈王葬其東南二十里故縣氏之縣古屬代漢靈帝光和元年中山相臧旻上請別屬也地理志曰靈丘之號在武靈王之前矣又按司馬

遷趙敬侯二年敗齊於靈丘則名不因靈王事如漢注滱水自縣南流入峽謂之隘門設隘於峽以譏禁行旅歷南山高峯隱天深溪埒谷其水沿澗西轉逕御射臺南臺在北阜上臺南有御射石碑南則秀鄣分霄層崖刺天積石之峻壁立直上車駕沿革每出所遊藝焉滱水西流又南轉東屈逕北海王詳之石碣南御所屆石柱北而南流者也

南過廣昌縣南

滱水東逕嘉牙川川有一水南來注之水出恒山北麓雖川三合逕嘉牙亭東而北流注于滱水水之北山行卽廣昌縣界滱水又東逕倒馬關關山險隘是爲深峭勢均詩人高罡之病良馬傳嶮之

行軒故關受其名焉關水出西南長溪下東北歷
關注滱滱水南山上起御坐於松園建祇洹東圍
北二面岫鄣高深霞峯隱日水望澄明淵無潛甲
行李所逕鮮不徘徊忘返矣

又東南過中山上曲陽縣北恒水從西來注之

滱水自倒馬關南流與大嶺水合水出山西南大
嶺下東北流出峽峽右山則有洹精廬飛陸陵山
丹盤虹梁長津汎瀾縈帶其下東北流注于滱滱
水又屈而東合兩嶺溪水水出恒山北阜東北流
歷兩嶺間北嶺雖層陵雲舉猶不若南巒峭秀自
水南步遠峯石磴逶迤沿途九曲歷睇諸山咸爲
劣矣抑亦羊腸邛來之類者也齊宋通和路出其
間其水東北流注于滱水又東左合懸水水出山

原岫盤谷輕湍濬下分石飛懸水一匹有餘直灌
山際白波奮流自成潭渚其水東南流揚湍注于
滱滱水又東流歷山世謂是處爲鴻頭疑卽晉書
地道記所謂鴻上關者也關尉治北平而畫塞於
望都東北云北平不遠兼縣上所拯也滱水於是
左納鴻上水水出西北近溪東南流注于滱水也

又東過唐縣南

滱水又東逕左人城南應劭曰中人城西北四十
里亦或謂之爲唐水也水出中山城之西如北城
內有小山在城西側水銳上若委粟焉疑卽地道
記所云望都縣有委粟關也俗以山在邑中故亦

謂之中山城以城中有山之木因復謂之爲廣唐
城也故中山記以爲中人城又以爲鼓聚殊爲乖
謬矣言城中有山故曰中人山也中山郡治京相
璠曰今中山望都里二十里有故中人城望都城
東有一城名堯始城本無中人之傳璠或以爲中
人所未詳也中山記所言中人者城東去望都故
城一十餘里二十里則減但苦其不東觀矣異說
咸爲爽矣今此城於盧奴城北如西六十里城之
西北泉源所導西逕根山北郎唐音讀近實兼唐
水之傳西流歷尤人亭注滱水又東左會一水水
出中山城北郎中阜下亦謂之唐水也然於城非
西在又名之謂雹水又兼二名焉西南流入滱並
所未詳蓋傳疑耳滱水又東恒水從西來注之自

下滱水兼納恒川之通稱焉卽禹貢所謂恒衛既
從也滱水又東右苞馬溺水水出上曲陽城東北
馬溺水東北流逕伏亭晉書地道記曰望都縣有
馬溺關中山記曰八渡馬溺是山曲要害之地一
一關勢帶接疑斯城卽是關尉宿治異目之來非
所詳矣馬溺水又東流注于滱滱水又東逕中人
亭南春秋左傳昭公十三年晉荀吳率師侵鮮虞
及中人大獲而歸者也滱水又東逕京丘北世謂
之京南對漢項王陵滱水北對君子岸岸上有哀
王子憲王陵坎下有泉源積水亦曰泉上岸滱水
又東逕白土北南卽靖王子康王陵三墳並列者

是滱水又東樂羊城北史記稱魏文侯樂羊滅中
山蓋其故城中山所道也故城得其名滱水又東
逕唐縣故城南北二城俱在滱水之陽故曰滱水
逕其東城西又有一水導源盧奴縣之西北是城
西平城之地泉湧而世俗亦謂之爲唐水也東流
至唐城西北隅堨而爲湖俗謂之唐池蓮荷被水
勝遊多萃其上信爲嬉處也其水南入小溝下注
滱水自上歷下通禪唐川之兼稱焉應劭地理風
俗記曰唐縣西四十里得中人亭今於此城取中
人鄉則四十也唐水在西北入滱與應符合又言
堯山者在南則無山以擬之爲非也闞駰十三州
志曰山治盧奴唐縣故域在國北七十五里駰所

說此則非也史記曰帝嚳氏沒帝堯氏作始封於
唐望都縣在南今此城南對盧奴故城自外無城
以應之考古今知事義全違俗名望都故城則八
十許里距中山城則七十里驗途推邑宜爲唐城
城北去山五里與七十五里之說相符然則俗謂
之都香山即是堯山在唐東北望都界皇甫謐曰
堯山一名豆山今山於城北而如東斬絕孤峙唐
牙桀立山南有堯廟是即堯所登之山者也地理
志曰堯山南今考此城之南又無山以應之是故
先後論者咸以地理之說爲失又即俗說以唐城
爲望都城者自北無城以擬之假復有之途程紆
山河之狀全乖古證傳爲疎罔是城西北豆山西

足有一泉源東北流逕豆山下合蘇水亂流轉注
東入滱是豈唐水乎所未詳也又於是城之南如
東一十餘里有一城俗爲之高昌縣城或望都之
故城也故縣目曰望都縣在唐南昌皇甫謐曰相
去五十里稽諸城地猶十五里蓋書誤耳此城之
東有山孤峙世以山不連陵名之曰孤山孤都聲
相近疑即所謂都山也帝王世記曰堯母慶都所
居張晏曰堯山在北堯母慶都山在南登堯山見
都山故望都縣以爲名也唐亦中山城也爲武公
之國周同姓其後桓公不恤國政周王問太史餘
曰今之諸侯孰先亡乎對曰天生民而令有別所
以異禽狩也今中山淫昏康樂逞慾無度其先亡

矣後二年果滅魏文侯以封太子擊也漢高祖立
中山郡景帝三年爲侯國王莽之常山也魏皇始
二年破中山立安州天興三年改曰定州治水南
奴縣之故城周之衰也國有赤狄之難齊桓霸諸
侯疆里邑土遣管仲攘戎狄築城以固之地理志
曰盧水出北平疑爲疎闊闞駰應劭之徒咸亦言
是矣余按盧奴城内西北隅有水淵而不流南北
一百步東西百餘步水色正黑俗名曰黑水池或
云黑水曰盧不流曰奴故城北藉水以取名矣池
水東北際水有漢王故宫處臺殿觀榭皆上國之
制簡王尊貴壯麗有加始築兩宫開四門穿城北
累石竇通涿唐水流于城中造魚池釣臺戲馬之

觀歲久頹毀遺基尚存今悉加上為剎利靈圖池
之四周民居駢比填偏穢陋而泉源不絕暨趙石
建武七年遣北中郎將始築小城興起北榭立宮
造殿後燕因其故宮建都中山小城之南更築隔
城興復宮觀今府榭猶傳故制昔耿昭伯歸世祖
於此處也滱水之右盧水注之上承城內盧水池
自漢及燕涿滱水逕石竇石竇既毀池道亦絕水
潛流出城潭積微漲渭水東北注于滱滱又東逕
漢哀王陵北冢有二墳故世謂之兩女陵非也哀
王是靖王之孫康王之子也滱水又東右會長星
溝溝上曲陽縣西北長星渚渚水東流又合洛光
水水出洛光涓東入長星水亂流東逕恒山下廟

北漢末喪亂山道不通此舊有下階神殿中世以
來歲書法族焉晉魏改有東西二廟廟前有碑闕
壇場相列焉其水東逕上曲陽縣故城北本岳牧
朝宿之邑也古者天子巡狩常以歲十一月至于
北岳侯伯皆有湯沐邑以自齋潔周昭王南征不
還巡狩禮廢邑郭乃存秦罷井田因以立縣縣在
山曲之陽是曰曲陽有下故此為上矣王莽之常
山亭也又東南流胡泉水注之受胡泉逕上曲陽
縣南又東逕平樂亭北左會長星川東南逕盧奴
城南又東北川渠之左有張氏墓冢有漢上谷太
守議郎張平仲碑光和中立川渠又東北合滱水
水有窮通不常津注

又東逕安喜縣南
縣故安險也其地臨險有井塗之難漢武帝元朔五年封中山靖王子劉應爲侯國王莽更名寧險漢章帝改曰安喜中山記曰縣唐水之西山高岸險故曰安險邑豐民安改曰安喜秦氏建元中唐水汎長高岸崩頹城角之下有大積木交横如梁柱焉後燕之初此木尚在未知所從余考記稽疑蓋城池當初山水渀盪漂淪巨栰阜積於斯沙息壤加以城池板築既興物固能久耳滱水又東逕鄉城北有舊盧奴之鄉也中山記曰盧如有三鄉斯其一焉後隸安喜城郭南有漢朝時孝子王立碑

又東過安國縣北
滱水歷縣東分爲二水一水枝分東南流逕解瀆亭南漢順帝陽嘉元年封河間孝王子淑於解瀆亭爲侯國孫宏卽靈帝也又東南逕任丘城南又東南逕安郭亭南漢帝元封五年封中山靖王子劉博爲侯國其水又東南流入于平池滱水又東北流逕解瀆亭北而東北注之矣
又東過博陵縣南
滱水東北逕蠡吾縣故城南地理風俗志曰縣故饒陽之下鄉者也自河間分屬博陵漢安帝永初七年封河間王開子翼爲都鄉侯順帝永建五年更爲侯國也又逕博陵縣故城南卽古陸城漢武

帝元朔二年封中山靖王子劉貞爲侯國者也地理風俗記曰博陵縣史記蠡吾故縣矣漢質帝本初元年繼孝質爲帝追尊父翼陵曰博陵因以爲縣又置郡焉漢末罷還安平晉太始年復爲郡今謂是城爲野城滱水又東北逕侯世縣故南城又東北逕陵陽亭東又北左會博水水出望都縣東南流逕其縣故城南王莽更名曰順調矣又東南潛入地下博水又東南於瀆重源涌發東南逕三梁亭南疑卽古勺梁也竹書紀年曰燕人伐趙圍濁鹿趙靈王及代人救濁鹿敗燕師于勺燕者也今廣昌東嶺之東有山俗名之曰濁鹿羅地地不遠土勢相隣以此推之或近是矣所未詳也博水

又東南逕穀梁亭南又東逕陽城縣散爲澤渚渚水瀦張方數里匪直蒲筍是豐實亦偏饒菱藕至若孌童丱及弱年女子或單舟採菱或疊舸折芰長歌陽春愛深淥水掇拾者不言疲謠詠者自于時行旅過矚亦有慰於羈望矣世謂之爲陽城淀也陽城縣故城近在西北故陂得其名焉郡國志曰蒲陰縣有陽城者也今城在縣東南三十里其水又伏流循瀆屆清梁亭西北重源又發博水又東逕自堤亭南又東逕廣望縣故城北漢武帝元朔二年封中山靖王子劉忠爲侯國又東合堀溝溝上承清梁陂又北逕清源城東卽將梁也漢武帝元朔二年封中山靖王子劉朝平爲侯國其水

東北入博水水又東北左則濡水注之水出蒲陰
縣西昌安郭南中山記曰郭東有舜氏甘泉有舜
及二妃祀稽諸子傳記無聞此處世代又遠異說
之來於是乎在矣其水自源東逕其縣故城南枉
渚迴湍率多曲復亦謂之爲曲逆水也張晏曰湍
水於城北曲而西流是受此名故縣亦因水名而
氏曲逆矣春秋左傳哀公四年齊國夏代晉取曲
逆是也漢高帝擊韓王信自代過曲逆上其城望
室宇甚多曰壯哉吾行天下唯雒陽與是耳詔以
封陳平爲曲逆侯王莽更名順平濡水又東與蘇
水合水出縣西南近山東北流逕堯始亭南又東
逕其縣入湍湍水又東得蒲水口水出西北蒲陽

山西南流積水成淵東西一百步南北百餘步深
而不測水又東南流水側有古神祠世謂之爲百
祠亦曰蒲上祠所未詳也又南逕安陽亭東晉書
地道記曰蒲陰縣有安陽關蓋安陽關都尉治世
俗名斯川爲安陽壙蒲水又東南歷壙逕安陽關
下名關臯爲唐頭坂出關北流又東流逕夏屋故
城實中嶮絕竹書紀年曰魏殷臣趙公孫裒伐燕
還取夏屋城曲逆者也其城東側因河仍墉築一
城世謂之寡婦城賈復從光武追銅馬五幡於北
平所作也世俗者轉故有是名以其水又東南流
逕蒲陰縣故城北地理志曰城在蒲水之陰漢章
帝章和二年行巡北岳以曲逆名不善因山水之

名攺曰蒲陰焉水右合漁水水出北平縣西南魚山山石善巨焉水發其下故世俗以物色名川東東流注于蒲水又東入濡故地理志曰蒲水蘇水並從縣東入濡水又東北逕樂城南又東入博水自下博水亦兼濡水通稱矣春秋昭公七年齊與燕會于濡水杜預曰濡水出高易縣東北至河間鄚縣入易水是濡水與雲池滱易互舉通稱矣地理志曰博水東至高陽入河博水又東北徐水注之水西出廣昌縣東南大嶺下世謂之廣昌嶺嶺高四十餘里二十里中委折五迴方得達其上嶺故嶺有五迴之名下望層山盛若蟻蛭實兼孤山之稱亦峻崠也徐水三源奇發齊寫一澗東流北

轉逕東山下水西有御射碑徐水又北流西屈逕南巖下水陰又有一碑徐水又隨山南轉逕東崖下水際又有一碑凡此三銘皆翼對層巖巖鄣深高壁立霞跱石文云皇帝以太延元年十二月車駕東巡逕五迴之嶮途覽崇岸之竦峙乃停駕路側援弓而射之飛矢踰于巖山刊石用讚元功夾碑並有層臺二所即御射處也碑陰皆列樹碑官名徐水屈東北逕郎山又屈逕其山南岑山岑競舉若豎鳥翅立石嶄巖亦如劒杪極地嶮之崇峭漢武之世戾太子以巫蠱出奔其子遠遁斯山故世有郎山之名山內有郎山碑事具文徐水又逕郎山君子中觸鋒將軍廟南廟前有碑晉惠帝永

康元年八月十四日壬寅發詔錄君父子法和其
碑劉耀先初七年前頓丘太守郎宣北平太守陽
平邑振等共脩舊碑刻石樹頌焉徐水又逕北平
縣縣界有漢熹平四年幽冀二州以代子詔書遣
冀州從事王球幽州從事張眼郡縣分境立石標
界具揭石文矣徐州又東南流歷石門中世俗謂
之龍門也其山上合下開開處高六丈飛水歷其
間南出乗崖傾瀾泄注七丈有餘渀盪之音奇爲
壯猛觸石成井水深不測素波白激濤襄四陸闞
之者驚神臨之者駭魄矣東南出山逕其城中有
故碑是太白君碑即山君之元子也其水又東流
漢光武追銅馬五幡於北平破之順水北乗勝追

北爲其所敗短兵相接光武自投崖下遇突騎王
豐於是授馬進保范陽順水蓋徐水之別名也徐
水又東逕蒲城北又東逕清苑城又東南與沈水
出蒲西俗謂之泉頭水也地理志曰北平縣有沈
水東入河即是水也東逕其城又東南左入徐水
地理志曰東至高陽入河今不能也徐水又東左
合會曹水出西北水也寧縣曹河澤東南流左合
岐山之水水出岐山東逕邢安城北又東入南曹
河曹水又東南逕北新城縣故城南河南又逕新
城故城如此此王莽之朔寧縣也曹水又東入于
徐水水又東南逕故城北俗謂之祭過城所未詳
也徐水又東流博水地理志曰徐水出北平東至

高陽入于河又東入滱地理志曰博水自望都東

至高陽入于河

又東北入于易

滱水又東北逕依城北世謂之依城河他說無依城之名卽古葛城也郡國志曰高陽有葛城燕以與趙者也滱水又東北逕阿陵縣故城東王莽之阿陵也建武二年更封岸將軍任光爲侯國滱水東北至長城注于易水者也

水經卷第十一

水經卷第十二

漢桑欽撰　後魏酈道元注

聖水　巨馬水

聖水出上谷

故燕也秦始皇二十三年置上谷郡王隱晉書地道志曰郡在谷之頭故因以上谷名焉王莽改名朔調也水出郡之西南聖水谷東南流逕大防嶺之東首山下有石穴東北洞開高廣四五丈入穴轉更崇深穴中有水耆舊傳言昔有沙門釋惠彌者好精物隱嘗篝火尋之傍水入穴三里有餘穴分爲二穴如小西北出不知趣諸一穴西南出入水逕五六日方還又不測窮深其水夏冷冬温春

秋有白魚出穴數日而返人有採捕食者美珍常味蓋亦丙穴嘉魚之流類也是水東北流入聖水聖水又東逕玉石山謂之玉石口山多珉玉燕石故以玉石名之其水伏流里餘潛源東出又東頽波瀉澗一丈有餘屈而流也

東過良鄉縣南

聖水南流歷縣西轉又南逕良鄉縣故城西王莽之廣陽也有防水注之水出縣西北大防山南而東南流逕羊頭阜下俗謂之羊頭溪其水又東南流至縣東入聖水聖水又南與樂水合水出縣西北大防南山東南流歷縣西而東南流注聖水又東過其縣故城南又東逕聚聖南蓋藉水而懷稱

也又東與挾河合水出良鄉縣西甘泉原東谷東
逕西鄉縣故城北王莽之移風也世謂之都鄉城
按地理志涿郡有西鄉縣而無都鄉城蓋世傳之
非也又東逕良鄉城南又東北注聖水世謂之扶
活河又名之白非漯之溝也

又東過長鄉縣北

聖水自涿縣東與桃水合首受淶水於徐城東南
良鄉西分洹水世謂之南涉溝即杭水也東逕迺
縣北又東逕涿縣故城下與涿水合世以爲涿水
又亦謂之桃水出涿縣故城西南奇溝東八里大
坎下數泉同發東逕桃仁墟北或曰因水以名墟
則是桃水也或曰終仁之故居非桃水也余按地

理志桃水上承淶水此水所發不與志同謂終爲
是又東北與樂堆泉合水出堆東東南流注于涿
水涿水又東北逕涿縣故城西流注于桃應劭曰
涿郡故燕漢高帝六年置其南有涿水盖氏焉闞
駰亦言是矣今於涿城南無水以應之所有唯西
南有是水矣應劭又云涿水出上谷涿鹿縣余按
涿水自涿鹿東注㶟水㶟水東南逕廣陽郡與涿
郡分水漢高祖六年分燕置涿郡涿之爲名當受
涿水通稱矣故郡縣氏之但物理潛通所在分發
故在上谷爲涿耶水山川阻闊並無沿注之理所
在受名者皆是經隱顯相關遥情受用以此推之
事或近矣而非所安也桃水又東逕涿縣故城北

王莽更名垣翰晉大始元年改曰范陽郡今郡理
涿縣故城城内東北角有晉康王碑城東有范陽
王司馬虓廟碑桃水又東北與洹水會水上分涞
水於良鄉縣之桃水世謂之北涉溝故應劭曰洹
水出良鄉東逕垣縣故城北史記音義曰河間有
武垣縣涿有垣縣漢景帝中元三年封匈奴降王
賜爲侯國王莽之垣翰亭矣世謂之塡城非也又
東逕塡亦地名也故有塡上言世名之塡前河又
東洛水注之水上承鳴澤渚渚方一十五里漢武
帝元封四年行幸鳴澤者也服虔曰澤名在迺縣
北界卽此澤矣西則獨樹水水注之出迺縣北山
東入渚北有甘泉水注之出良鄉西山東南逕西

鄉城西而南注澤渚水又東逕西鄉城南又東逕
垣縣而南入垣水垣水又東逕涿縣北東流注于
桃故應劭曰垣水東入桃闞駰曰至陽鄉注之今
按經脉而不能屆也桃水東入陽鄉東注聖水聖
水又東廣陽水注之水出小廣陽西山東逕廣陽
縣故城北又東福祿水注焉水出西山東南逕廣
陽縣故城南東入廣陽水亂流東南至陽鄉縣右
注聖水聖水又東南逕陽鄉城西不逕其北矣縣
故涿之陽亭也地理風俗志曰涿縣東五十里有
陽鄉亭後分爲縣王莽時更名章武卽長鄉縣也
按太康地記涿有長鄉而無陽鄉矣聖水又東逕
長興城南又東逕方城縣故城李牧伐燕取方城

是也魏封劉放為侯國聖水又東左會白祀溝溝
水出廣陽縣之婁城東東南流左合婁城水水出
平地導泉東南流右注白祀水亂流東南逕常道
城西故鄉亭也西去長鄉城四十里魏少帝甘
露三年所封也又東南入聖水聖水又東南逕韓
城東詩韓奕章曰溥彼韓城燕師所完王錫韓侯
其追其貊奄受北國鄭玄曰周封韓侯居韓城為
侯伯言為獫夷所逼稍稍東遷也王肅曰今涿郡
方城縣有韓侯城世謂寒號非也聖水又東南流
右會清淀水水發西淀東流注聖水謂之劉公口
也

又東過安次縣南東入于海

聖水又東逕勃海安次縣故城南中平二年桓帝
封荊州刺史王敏為侯國又東南流注于巨馬河
而不達于海也

巨馬河出代郡廣昌縣涞山

即涞水也有二源俱發涞山東逕廣昌縣故城南
王莽之廣屏魏封樂進為侯國矣涞水又東北逕
西射魚城東南而東北流又逕東射魚城南又屈
逕其城東竹書紀年曰荀瑤伐中山取窮魚之丘
窮射字相類即此城也所未詳矣涞水又逕三
女亭西又逕樓亭北左屬白澗溪水有二源合注
一川石皓然望同積雪故以物色受名其水又
東北流謂之石曹水伏流地下潮則通津委注謂

之白澗口淶水又東北桑谷水注之水南發溪北
注淶水淶水又北逕小黌東又東逕大黌南蓋霍
原隱教授處也徐廣云原隱居廣陽山教授數千
人爲王浚所召雖千古世懸猶表二黌之稱旣無
碑頌竟不知定誰居也淶水又東北歷紫石溪口
與紫水合水北出聖人城北大亘下東南流左會
壘砢溪水盖山崩委澗積石淪隍故溪澗受其名
矣水出東北西南流注紫石溪水紫石溪水又逕
聖人城東又東南石會檐車水水出檐車硎東南
流逕聖人東南城南流注紫石水又南注于淶水
淶水又東南逕榆城南又屈逕其城東謂之榆城
河淶水又南逕藏刀山下層巖壁立直長干霄遠

望崖側有若積刀鐶鐶相比咸悉西首淶水東逕
徐城北出焉世謂之沙溝水又東督亢溝出焉一
水東南流即督亢溝也一水西南出即淶之故瀆
矣水盛則長津弘注水耗則通波潛伏重源顯於
迺縣舊則川矣

東過迺縣北

淶水上承故瀆於縣北垂重源再發結爲長潭潭
廣百許步長數百步左右翼帶涓流控引水自成
淵渚長川漫下十一許步東南流逕縣故城東漢
景帝中元三年以封匈奴降王隆彊爲侯國王莽
更名迺屏也謂之巨馬河亦曰渠水也又東南流
袁本初遣別將崔巨業攻固安不下退還公孫瓚追

擊之於巨馬水死者六七千人即此水也又東南
逕范陽縣故城北易水注之
又東南過容城縣北
巨馬水又東酈亭溝水注之水上承督亢溝水於
廼縣東東南流歷紫淵東余六世祖樂浪府君自
涿之先賢鄉爰宅其陰西帶巨川東翼茲水枝流
津通纏絡墟圃匪直田漁之贍可懷信爲遊神之
勝處也其水東南流又名之爲酈亭溝其水又西
南轉歷大利亭南入巨馬水又東逕容城縣故城
北又東督亢溝水注之水上承淶水於淶谷引之
則長津委注過之則微川輟流水德含和變通在
我東南流逕廼縣北又東逕涿縣酈亭樓桑里南

即劉備之舊里也又東逕督亢澤澤苞方城縣縣
故屬廣陽後隸於涿郡國志曰縣有督亢亭孫暢
之述畫有督亢地圖言燕太子丹使荊軻齎入秦
秦王殺軻圖亦絶滅也理書上古聖賢冢地記曰
督亢地在涿郡今故安縣南有督亢陌幽州南界
也風俗通曰沆漭也言乎淫淫漭漭無崖際也沆
澤之無水斥鹵之謂也其水自澤枝分東逕涿縣
故城南又東逕漢侍中盧植墓南又東散爲澤渚
督亢澤也北屈渥于桃木督亢水又南謂之白溝
水南逕廣陽亭西余而南枝溝溝水西受巨馬河
東出爲枝溝又東注白溝白溝又南入于巨馬河
巨馬河又東南逕益昌縣濩澱水石注之水上承

護陂於臨鄉縣故城西東南逕臨鄉南漢封廣陽王子須爲侯國地理風俗記曰方城南十里有臨鄉城故縣也城南十里淀水又東南逕益昌縣故城西南入巨馬水巨馬水東逕益昌縣故城南漢封廣陽頃王子嬰爲侯國王莽之有秩也地理風俗記曰方城縣東八十里有益昌城故縣也又東八丈溝水注之水出安次縣東北平地泉東南逕安次城東東南逕泉州縣故城西又南右合雩池河枯溝溝自安次西北東逕常道城東安次縣故城西晉司空劉琨所守以拒石勒也

又東南至泉州縣西南東入八丈溝又南

入巨馬河亂流東注也

又東過勃海東平舒縣北東入于海

地理志曰涞水東南至容城入于海河即濡水也蓋升以明會矣巨馬水於平舒北南入于雩池而同歸於海也

水經卷第十二

水經卷第十三

漢桑欽撰　後魏酈道元注

㶟水

㶟水出鴈門陰館縣東北過代郡桑乾縣南

㶟水出于㶟頭山一曰治水泉發于山側沿坡歷澗東北流出山逕陰館縣故城西縣故樓煩鄉也漢景帝後元三年置王莽更名富臧矣魏天安三年齊平徙其民於縣立平齊郡㶟水又東北流左會桑乾水縣西北上下洪源七輪謂之桑乾泉即溹涫水者也耆老云其水潛承太原汾陽縣北燕京山之大池池在山原之上世謂之天池方里餘其水澄渟鏡淨而不流若安定朝那之湫淵也清

水流潭皎焉冲照池中嘗無斥草及其風澤有淪輙有小鳥翠色投淵銜出若會稽之私鳥也其水陽焊不耗陰霖不濫無能測其淵深也古老相傳言嘗有人乘車於池側忽過大風飄之於水有人獲其輪於桑乾泉故知二水潛流通注矣池東隔阜又有一石池方可五六十步清深鏡潔不異大池桑乾水自源東南流右會馬邑川水水出馬邑西川俗謂之磨川矣蓋狄語言訛馬磨聲相近故爾其水東逕馬邑縣故城南干寶搜神記曰昔秦人築城於武周塞内以備胡城將成而崩數矣有馬走一地周旋反覆父老異之因依以築城城乃不崩遂名馬邑或以爲代之馬城也諸記紛競未

識所是漢以斯邑封韓王信後爲匈奴所圍信遂降之王莽更名之曰章昭水其東流桑乾水桑乾水又東南流水南有故城南北臨河又東南右合瀔水亂流枝之南分桑乾水又東左合武周塞水水出故城東南流出山逕日沒城南蓋夕陽西頹戎車所薄之城故也檾有日中城城東又有早起城亦曰食時城在黃瓜阜北曲中其水又東流右注桑乾水桑乾水又東南逕黃瓜阜曲西又屈逕其堆南徐廣曰猗盧廢嫡子曰利孫于黃瓜堆者也又東右合枝津枝津上承桑乾河東南流逕桑郡北大魏因水以立郡受厥稱焉又東北左合夏屋山水水南出夏屋山之東溪西北流逕故城北

所未詳也又西北入桑乾枝水桑乾枝水又東流津委浪通結兩湖東湖西浦淵潭相接水至清深晨鳧夕鴈泛濫其上黛甲素鱗潛躍其下俯仰池潭意深魚鳥所寡唯良木耳俗謂之南池池北對注陶縣之故城故曰南池也池水又東北注桑乾水爲濕水並受通稱矣濕水又東北逕魏亭西蓋皇魏天賜三年之所經建也濕水又東北逕白狼堆南魏烈祖道武皇帝於是遇白狼之瑞故斯阜納稱焉阜上有故宮廟樓榭基雉尚崇每至鷹隼之秋羽獵之日肆閱清野爲昇眺之逸地矣濕水又東流四十九里東逕巨魏亭北又東崞川注之水南出崞山縣故城南王莽之崞張也縣南面

玄岳右背崞 山處三山之中故以崞張爲名矣其
水又西出山謂之崞口北流逕繁峙故城東王莽
之冨要也又北逕巨魏亭又北逕劇陽縣故城西
王莽之善陽也按十三州志曰在陰館縣東北一
百三里其水又東注于㶟水㶟水又東逕班縣南
如渾水注之水出涼城旋鴻縣西南五十餘里東
流逕故城南北俗謂之獨谷孤城水亦即名焉東
合旋鴻池水水出旋鴻縣東山下水積成池北引
魚水水出魚溪南流注池池水吐納川流以成巨
沼東西二里南北四里北對涼州地之南池池方
五十里俗名乞伏袁池雖隔越山阜鳥道不遠雲
霞之間常有西南流逕旋鴻縣南又合如渾水是

總二水之名矣如渾水又東南流逕永固縣縣以
太和中因山堂之目以氏縣也右會羊水水出平
城縣之西苑外武周塞北出東轉逕燕昌城南按
燕書建興十年慕容寶自河而還軍敗於參合死
者六萬人十一年出衆北至參合見積骸如山設
策吊之死者父兄皆號泣六軍哀慟垂慙憤嘔血
因而寢疾焉轝過平城北四十里疾篤築燕昌城
而還即此城也故北俗謂之老公城也羊水又東
注于如渾水亂流逕方嶺上有文明太皇太后陵
陵之東北有高祖陵二陵之南有永固堂堂之四
周隅雉列榭階欄檻及扉戶梁壁椽瓦悉文石也
檐前西柱採洛陽之八風谷黑石爲之雕鏤隱起

以金銀間雲雉有若錦焉堂之内外四側結兩石
趺帳青石屏風以文石爲緣並隱起忠孝之容題
刻貞順之名廟前鐫石爲碑獸碑石至冢左右列
栢四周迷禽闇日院外西側有思遠靈圖圖之西
有齋堂南門表二石闕闕下斬山累結御路下望
靈泉宮池皎若圓鏡矣羊水又東注如渾水又南
至靈泉池枝津東南注池池東西一百步南北二
百步池渚舊名白楊泉泉上出白楊樹因以名焉
其猶長楊五柞之流稱矣南面舊京北背方嶺左
右山源亭觀繡峙方湖及景若三山之倒水下如
渾水又南逕北宮下舊宮人作薄所在如渾水又
南分爲二水一水西出南屈入此苑中歷諸池沼

又南逕虎圈東魏太平真君五年成之以牢虎也
季秋之月聖上觀御圈上勑虎士效力於其下事
同奔戎生制猛獸即詩所謂袒裼暴虎獻于公所
也故魏有捍虎圖也又經平城西郭内魏太常七
年所成也城周西郭外有郊天壇壇之東側有郊
天碑建興四年立其水南又屈逕平城縣故城南
史記曰高帝先至平城史記音義曰在鴈門即此
縣矣王莽之平順也魏天興二年遷都於此太和
十六年破太華安昌諸殿造太極殿東西堂及朝
堂夾建象魏乾先中陽端門東西二掖門雲龍神
虎中華諸門皆飾以觀閣東堂東接太和殿殿之
東階下有一碑太和中立石是洛陽八風谷之緇

水有二源一水出朝歌城西北東南老人晨將渡
水而沉吟難濟紂問其故左右曰老者髓不實故
暑寒也紂乃於此斮脛而視髓也其水南流東屈
逕朝歌城南晉書地道記曰本沬邑也詩云爰采
唐矣沬之鄉矣殷王武丁始遷居之爲殷都也禹
貢紂都在冀州大陸之野即此矣有糟丘酒池之
事焉有新聲靡樂號邑朝歌晉灼曰史記樂書行
朝歌之音朝歌者歌不時也故墨子聞之惡而迴
車不逕其邑論撰考讖曰邑名朝歌顏淵不舍七
十弟子掩目宰予獨顧由蹷墮車宋均曰子路患
宰予顧視凶地故以足蹷之使墮車也今城內有
殷鹿臺紂昔自投於火處也竹書紀年曰武王親

禽帝受于南單之臺遂分天之明南單之臺蓋鹿
臺之異名也武王以殷之遺民封紂子武庚於玆
邑分其地爲三曰邶鄘衛使管叔蔡叔霍叔輔之
爲三監叛周討平以封康叔爲衛箕子佯狂自悲
故琴操有箕子操逕其墟父母之邦也不勝悲作
麥秀歌地居河淇之間戰國時皆屬於趙男女淫
縱有紂之餘風後乃屬晉王喩多寇漢以虞詡爲
令朋友以難治致弔詡曰不遇盤根錯節何以别
利器乎又東與左水合謂之馬溝水水出朝歌城
北東流南屈至其城東又東流與美溝合水出朝
歌西北大嶺下更出逕駱駞谷於中逶迤九十曲
故俗有美溝之目矣歷十二崿崿流相承泉響不

斷返水捍注倦後深隍障間積石千通水穴爲變
觀者若思不周賞情之圖狀矣其水更逕朝歌城
北又東南流注馬溝水又東南注淇水爲肥泉也
故衛詩曰我思肥泉兹之永嘆毛注云同出異歸
爲肥泉爾雅曰歸異出同曰肥釋名曰本同出時
所浸潤水所歸枝散而多似肥者也犍爲舍人曰
水異出流行合同曰肥今是水異出同歸矣博物
志謂之澳水詩云瞻彼淇澳菉竹猗猗毛云綠王
芻也竹編竹也漢武帝塞決河斬淇園之竹木以
爲用寇恂爲河内伐竹淇川治矢百餘萬以溢軍
資今通望淇川無復此物唯王芻編草不異毛典
又言澳隈也鄭亦不以爲津源而張司空專以爲

水流入於淇非所究也然斯水即詩所謂泉源之
水也故衛詩云泉源在左淇水在右衛女思歸指
以爲喻淇水左右蓋舉水所入爲左右也淇水又
南歷坊堰舊淇水南東流逕黎陽縣界南入河地
理曰志淇水出共東至黎陽入河溝洫志曰在遮
害亭西一十八里至淇水曰是漢建安九年魏武
王於水口下大枋木以成堰遏淇水東入白溝以
通漕運故時人號其處爲枋頭是以盧諶征艱賦
曰後背洪枋巨堰深渠高堤者也自後遂廢魏熙
平中復通之故瀆歷楊城北東出今瀆破故堨其
堰悉鐵柱木石參用其故瀆南逕枋城西又南分
爲二水一水南注清水水流上下更相通注河清

也每月隨斗所建之辰轉應天道此之異古也加靈臺於其上下則引水爲辟雍水側結石爲塘事准古制是太和中之所經建也如渾水又南與武周川水會水出縣西南山下二源翼導俱發一山東北流合成一川北流逕武周縣故城西王莽之桓周也又東北石合黃山水西出黃阜下重北流聖山之水注焉水出西山東流注于黃水黃水又東注武周川又東歷故亭北右合火山西溪水水導源火山西北流山上有大井南北六十七步廣減尺許源深不見底炎勢上升常若微雷發響以草爨之則煙騰火發東方朔神異傳云南方有大山焉長四十里廣四五里其中皆生不燼之木晝

夜火然得雨猛風不滅火中有鼠重百斤毛長二尺餘細如絲色白時時出火以水逐而沃之則死取其毛績以爲布謂之火浣布是山亦其類也但卉物則不能然其山以火從地中出故亦名榮臺矣火井東五六尺又東有湯井廣輪與火井相狀勢熱又同以草內之則不然皆沾濡露結故俗以湯井爲目井東有文井祠以時祀祭焉井北百餘步有東西谷廣十許步南岈下有風穴厥大容人其深不測而穴中肅肅常有微風雖三伏盛暑猶須襲裘寒吹凌人不可暫停而其山出雛烏形類雅烏純黑而姣好音與之同繢彩紺發觜若丹砂性馴良而易附非童幼子捕而執之赤觜烏亦曰

阿雛烏按爾雅純黑反哺謂之慈烏小而腹下白
不反哺者謂之雅烏白頭而群飛者謂之燕烏大
而白頭者謂之蒼烏爾雅曰鸒斯卑居也孫炎曰
卑居楚烏犍爲舍人以爲壁屋說文謂之雅雅楚
烏莊子曰雅賈矣馬融亦曰賈烏者也又按瑞應
圖有三足烏赤烏白烏之名而無記於此烏故書
其異耳自恒山已北並有此矣其水又東北流注
武周川水武周川水又東南流水側有石祇洹舍
并諸窟室比丘尼所居也其水又東轉逕靈巖南
鑿石開山因崖結構其容巨壯法世所締山堂水
殿烟寺相望林淵錦鏡綴目新眺川水又東南流
出山魏土地記曰平城宫西三十里武周塞口者

也自山口枝渠東出入苑溉諸園池苑囿洛陽殿
殿北有宫館一水自枝渠南流東南出火山水注
之水發火山東溪東北流出山山有石炭火之熱
間樵炭也又東注周武川逕平城縣東南流注如
渾水又南流逕斑氏縣故城東王莽之班也闞駰
十三州志曰班氏縣在郡西南百里北俗謂之去
留城也如渾水又南流注于㶟水㶟水又東逕
北平邑縣故城南趙獻侯十三年城平邑地理志
曰屬代王莽所謂平湖也十三州志曰城在高柳
南八十里北俗謂之醜寅城㶟水又東逕沙陵南
魏金田之地也事同曹武鄴中定矣㶟水東逕猗
氏縣故城北王莽更名之曰行聚也十三州志曰

縣有高柳南百三十里俗謂之苦力干城矣㶟水
又東逕道人縣故城南地理志曰王莽之道仁也
地理風俗記曰初築此城有仙人遊其地故因以
爲城名矣今城北有淵潭而不注故俗謂之爲平
湖也十三州志曰道人城在高柳東北八十里所
未詳也㶟水又東逕陽原縣故城南地理志代郡
之屬縣也北俗謂之比邠州城㶟水又東水又東
陽水注之水出縣東北澤中北俗謂之太拔廻水
水自源東南流注于㶟水又東逕東安陽縣故城
北趙惠文王三年封長子章爲代安陽君此即章
封邑王莽之競安也地理風俗記曰五原有西安
陽故此加東也㶟水東逕昌平縣溫水注之水出

南墳下三源俱導合而南流東北逕㶟水㶟水又
東逕昌平縣故城北王莽之長昌也昔牽招爲魏
鮮卑校尉屯此㶟水又東北逕桑乾縣故城西又
屈逕其城北王莽更名之曰安德也魏土地記曰
代城北九十里有桑乾城城西渡桑乾水去城十
里有溫湯療疾有驗經言出南非也蓋誤證矣魏
任城王彰以建安二十三年伐烏丸入涿郡逐北
遂至桑乾止於此也水入東流祁夷水注之水出
平舒縣東逕平舒縣之故城南澤中史記趙孝成
王十九年以汾門予燕易平舒徐廣曰平舒在代
王莽更名之曰平葆後漢世祖建武七年封陽武
將軍馬成爲侯國其水控引衆泉以成一川魏土

地記曰代城西九十里有城平舒西南五里代水
所出東北流言代水非也祁夷水又東北逕蘭亭
南又東北逕石門關北舊道出中山故關也又東
北流水側有故池按魏土地記曰代城西南三十
里有代王魚池池西北有代王臺東云代城四十
里祁夷水又東北得飛狐谷即廣野君所謂杜飛
狐之口也蘇林據酈公之說言在上黨即實非也
如淳言在代是矣晉建興中劉琨自代出飛狐口
莽於安次即於此道也魏土地記曰代城南四十
里有飛狐門門水西北流逕南舍亭西又逕句瑑
亭西西北注祁夷水祁夷水又東北流逕代城西
盧植言初築此城板幹一夜自移故代西南五

十里大澤中營城自護結葦爲九門於是就以爲
治城圓匝而不方周四十七里開九門更名其故
城曰東城趙臧代漢封孝文爲代王梅福上事曰
代谷者恒山在其南北塞在其北谷中之地上谷
在東代郡在西是其地也王莽更之曰厭狄亭魏
土地記曰城內有二泉一源流出城西門一源流
出城北門二源皆北注代水祁夷水又東北熱水
注之水出綾羅澤澤際有熱水亭其水東北流注
祁夷水又東北谷水注之出昌平縣故城南又東
北入祁夷祁夷右會逆水水導源將城東西北流
逕將城北在代城東北一十五里疑即東代矣而
尚傳將城之名盧植曰此城方就而板幹自移應

劭曰城從西南去故代五十里故名代曰東城或傳書倒錯情用疑焉而無以辯之逆水又西注于祁夷之水逆之爲名以西流故也祁夷水東北逕青牛淵水自淵東注之耆諺云有潛龍出于兹浦形類青牛焉故淵潭受名矣潭深不測而水周多蓮藕生焉祁夷水又北逕一故城西西去代城五十里又疑是代之東城而非所詳也又逕昌平郡東魏太和中置西南去故城六十里又北連水入焉水出雊瞀縣東西北流逕雊瞀縣故城南又西逕廣昌城南魏土地記曰代南二百里有廣昌城南通大嶺即此非也十三州記曰平舒城東九十里有廣平城疑是城也尋其名狀忖理爲非又西

逕王莽城南又西到剌山水注之水出到剌山西山甚層峻未有升其嶺者魏土地記曰代城東五十里有到剌山山上有佳大黃也其水北流逕一故亭東城北有石人故世謂之石人城西北注蓮水又北逕當縣故城西高祖十二年周勃定代斬陳豨於當城即此處也應劭曰當桓都山作城故曰當城也又逕故代東而西北流注祁夷水祁夷水西有隨山山上有神廟謂之女郎祠方俗所祠也祁夷水又北逕桑乾故城東而北流注于㶟水地理志曰祁夷水出平舒縣北至桑乾入㶟是也㶟水又東北逕石山水口水出南山北流逕空侯城東魏土地記曰代城東北九十里有空侯城者

其水又東北流注濕水濕水又東逕潘城縣北東
合協陽關水水出協溪魏土地記曰下洛城西南
九十里有協陽關道西通代郡其水東北流歷
笄頭山闞駰曰笄頭山在潘城南即是山也又北
逕潘縣故城左會潘泉故瀆瀆舊上承潘泉於潘
城中或云舜所都也魏土地記曰下洛城西南四
十里有潘城城西北三里有歷山山上有虞舜廟
十三州記曰廣平城東北一百一十里有潘縣地
理志曰王莽更名樹武其泉從廣十數步東出城
注協陽關水雨盛則通注陽旱則不流惟泙泉而
巳闞水又東北流注于濕水又東逕雍洛城南魏
土地記曰下洛城西西二十里有雍洛城桑乾水

在城南東流者也濕水又東逕下洛縣故城南王
莽之下忠也魏燕州廣甯縣廣甯郡治魏土地記
曰去平城五十里城南二百步有堯廟濕水又東
逕高邑亭北又東逕三臺北濕水又東逕無鄉城
北地理風俗記曰燕語呼亡爲無今改宜鄉也濕
水又東逕温泉水注之水上承温泉於橋山下魏
土地記曰下洛城東南四十里有橋山下有温泉
泉上有祭堂雕簷華宇被于浦上石池吐泉湯湯
其下炎凉代序是水灼焉無改能治百疾是使赴
者若流池水北流入于濕水濕水又東左得于延
水口水出塞外子玄鎮西長川城南小山山海經
曰梁渠之山無草木多金玉循水出焉東南流逕

且如縣故城南應劭曰當城西北四十里有且如
城故縣也代稱不拘名號變改校其程郭相去遠
矣地理志曰東部都尉治于延水出縣北塞外即
循水也循水又東南逕馬城縣故城北地理志曰
東部都尉治十三州志曰馬城在高柳東二百四
十里俗謂是水爲河頭河頭出戎方土俗變名耳
又東逕零丁城南石令延鄉水水出縣西山東逕
延陵縣故城北地理風俗記曰當城西北有延陵
鄉故縣也俗指調之琦城川又東逕羅亭又東逕
馬城南又東注脩水又東南於大甯郡北右注鴈
門水山海經曰鴈門之水出于鴈門之山鴈出其
間在高柳北高柳在代中其山重巒疊巘霞舉雲

高連山隱隱東出遼塞其水東南流逕高柳縣故
城北舊代郡治秦始皇二十三年虜趙王遷國以
爲郡王莽之所謂厭狄也建武十九年世祖封代
相堪爲侯國昔牽招斬韓忠於此處城在平城東
南六七十里於伐爲西北也鴈門水又東南流屈
逕一故城背山面澤北俗謂之叱蝓城鴈門水又
東南流屈而東北積而爲潭其陂斜長而不方東
北可二十餘里廣一十五里蒹葭蘭生焉敦水注
之導水導源西北少咸之山南麓東流逕參合縣
故城南地理風俗記曰道人城北五十里有參合
鄉故縣也敦水東又濛水注之出東阜下西北流
逕故城北俗謂之和堆城又北合敦水亂流東北

注鴈門水故山海經曰少咸之山敦水出焉東流注于鴈門之水郭景純曰水出鴈門山謂斯水也鴈門水又東北入陽門山謂之羊門水與神泉水出葦壁北水有靈焉及其密雲不雨陽旱愆期多禱請焉水有二流世謂之比連泉一水東北逕一故城東世謂之石虎城而東北流注陽門水又東逕三會亭北又東逕西伺道城北又東託台谷水注之水上承神泉於葦壁北東逕羊門山南託台谷謂之託台水及引泉溪澤澤濤東注行者間一十餘渡東逕三會城南又東逕託台亭北又東北逕馬頭亭北東北注鴈門水鴈門水又東逕大甯郡北魏大和中置有脩水注之即山海經所謂脩

水東流注于鴈門水也地理志曰有于延水而無鴈門脩水之名山海經有鴈門之目而燕說于延河自下亦通謂之于延水矣水側有桑林故時人亦謂是水爲藂桑河也斯乃北土寡桑至此見之因以名焉于延水又東逕罡城南按史記蔡澤燕人也謝病歸相秦號罡成君疑即澤所邑也世名武罡城延水又東左與甯川水合水出西北東南流逕小甯縣故城西東南流注于延水又東逕小甯縣故城南地理志甯縣也西部都尉治王莽之博康也魏土地記曰大甯城西二十里有小甯城昔邑人班丘仲居水側賣藥於甯百餘年人以爲壽後地動宅壞仲與里中數十家皆死民人取仲

尸棄于延水中收其藥賣之仲被裘從而詰之北
人大怖叩頭求哀仲曰不恨汝故使人知我耳去
矣後爲大餘王驛使永寧北方人謂之謫仙也于
延水又東黒城川水注之水有三源出黒土城西
北奇源合注總爲一川東南逕黒土城西又東南
流逕大寧縣西而南入延河延河又東逕大寧縣
故城南地理志云廣寧也王莽曰廣康矣魏土地
記曰下洛西北百三十里大寧城于延水又東南
逕茹縣故城北王莽之穀武也世謂之如口城魏
土地記曰城在鳴鷄山西十里南通大道西達寧
川于延水又東南逕鳴雞山西魏土地記曰下洛
城東北三十里有延河東流北有鳴雞山史記曰

趙襄子殺代王於夏屋而幷其土襄子迎其姊於
代其姊代之夫人也至此曰代已亡矣吾將何歸
乎遂磨笄於山而自殺代人憐之爲立祠焉因名
其爲磨笄山每夜有野雞群鳴於祠屋上故亦謂
之爲鳴雞山魏土地記云代城東南二十五里有
馬頭山其側有鍾乳穴趙襄子既害代王迎姊姊
代夫人夫人曰以弟慢夫非仁也以夫怨弟非義
也磨笄自刺而死使者自殺民憐之爲立神屋於
山側因名之爲磨笄山未詳孰是于延水又南逕
且居縣故城南王莽之所謂文居也其水東南流
注于㶟水地理志曰于延水東至其寧入治非矣
又東過涿鹿縣北

涿水出涿鹿山世謂之張公泉東北流逕涿鹿縣
故城南王莽所謂褫陸也黄帝與蚩尤戰於涿鹿
之野留其民於涿鹿之河即於是也其水又東北
與阪泉合其水導源縣之東泉魏土地記曰下洛
城東南六十里有涿鹿城城東一里有阪泉泉上
有黄帝祠晉太康地理記曰阪泉亦地名也泉水
東北流與蚩尤泉會水出蚩尤城城無東面魏土
地記稱涿鹿城東南六里有蚩尤城泉水淵而不
流霖雨併則流注阪泉亂流東北入涿水涿水又
東逕平原郡南魏徙平原之民置此故立僑郡以
統流雜涿水又東北逕祚亭北而東北入濕水亦
云涿水枝分又匈奴者謂之涿耶地理潛顯難以

究昭非所知也濕水又東南左會清夷水亦謂之
滄河也水出長亭南西逕北城村故城北五西北
平鄉川水注之出平鄉亭西西北流注清夷水清
夷水又西北逕陰莫亭在居庸縣南十里清夷水
又西會牧牛山魏土地記曰沮陽城東八十里有
牧牛山下有九十九泉即滄河之上源也山在縣
東北三十里山上有道武皇帝廟耆舊云山下亦
有百泉競發有一神牛駮身自山而降下飲泉竭
故山得其名今山下導九十九泉積以成川西南
流國水與浮圖溝水注之出夷縣故城西南王莽
以為朔調亭也其水俱西南流注于滄水又西南
右合地裂溝古老云晉世地裂分此界間成溝壑

有小水俗謂之分界水南流入滄河又南逕居庸
縣故城南魏上谷郡治昔劉虞攻公孫瓚不尅北
保此城爲瓚所擒有粟水入焉水出縣下城西枕
水又屈逕其縣南南注滄河又西與右陽溝水合
水出縣東北西南流逕居庸縣城北西逕大翮小
翮山南高巒截雲層陵斷霧雙阜共秀競舉群峯
之上郡人王次仲少有異志年及弱冠變蒼頡舊
文爲今隸書秦始皇時官務煩多以次仲所易文
簡便於事要奇而召之三徵而轍不至次仲履真
懷道窮數術之美始皇怒其不恭令檻車送之次
仲首發於道化爲大鳥出在車外翻飛而去落三
翮於斯山故其峯巒有大翮小翮之名矣魏土地

記曰沮陽城東北六十里有大翮小翮山山上神
名大翮神山屋東有温湯水口其山在縣西北二
十里峯舉四十里上廟則次仲廟也右出温湯療
治萬病泉所發之麓俗謂之土亭山此水炎熱倍
甚諸湯下足便爛人體療疾者要須别引消息用
之耳不得言次翮山東其水東南流左會陽溝水
亂流南注滄河滄河又左得清夷水口魏土地記
曰牧牛泉西流與清夷水合者也自下二水互受
通矣清夷水又西靈亭城水注之水出焉蘭西澤
中衆泉瀉流歸于澤澤水所鍾以成溝瀆瀆水又
左與馬蘭溪水會水導馬蘭城城北負山勢因阿
仍溪民居所給唯仗此水水南流出城東南入澤

水澤水又南逕靈亭北又屈逕靈亭東棲次仙烏翩於此故是亭有靈臺之稱矣其水又南流注于清水清水又西得泉灉水會水導源川南平地北注清夷水清夷水又西南得桓公泉盖齊桓公霸世北伐山戎過孤竹西征束馬縣車上卑耳之西極故水受斯名也水源出沮陽縣東西而北流入清夷水清夷水又西逕沮陽縣故城北秦始皇上谷郡治此王莽改郡曰朔調縣曰沮陽闞駰曰涿鹿東北至谷城六十里魏土地記曰城北有清夷水西流也其水又屈逕其城西南流注于溫水濕水南至馬陘山謂之落馬河

又東南出山

濕水又南入山瀑布飛梁縣河注壑淵湍十許丈謂之馬落洪抑亦孟門之流也濕水自南出山謂之清泉河俗亦謂之曰千水非也濕水又東南逕良鄉縣之北界歷梁山南高梁水出焉

過廣陽薊縣北

濕水又東逕廣陽縣故城北謝承漢書曰世祖與銚期出薊至廣陽欲南行即此城也謂之小廣陽濕水又東北逕薊縣故城南魏氏土地記曰薊城南七里有清泉河而不逕其北盖經悞證矣昔周武王封堯後於薊今城內西北隅有薊丘因丘以名邑也猶魯之曲阜齊之營丘矣武王封召公之故國也秦始皇二十三年滅燕以為廣陽郡漢高

帝以封盧綰爲燕王更燕國城有萬載宮光明殿
王莽改曰廣公縣曰代成東掖門下舊慕容儁立
銅馬象處昔慕容廆有駿馬赭白有奇相逸力至
儁光壽元年四十九矣而駿逸不虧儁奇之比鮑
氏驄命鑄銅以圖其像親爲銘讚鐫頌其傍像成
而馬死矣大城東門内道左有魏征南將軍建城
鄉景侯劉靖碑晉司隷校尉王密表功加於民宜
在祀典以元嘉四年九月二十日刊石建碑揚于
後葉矣溫水又東與洗馬溝水合水上承薊水西
注大湖湖有二源水俱出縣西北平地道泉流結
西湖湖東西二里南北三里盖燕之舊池也綠水
澄澹川庭望遠亦爲遊矚之勝所也湖水東流爲

洗馬溝側城南東門注昔銚期奮戟處也其水又
東入濕水濕水又東逕燕王陵南陵有伏道西北
出薊城中景明中造浮圖建刹窮泉掘得此道王
府所禁莫有尋者通城西北大陵而是二基趾盤
固猶自高壯競不知何王陵濕水又東南高梁之
水注焉水出薊城西北平地泉東注逕燕王陵北
又東逕薊城北又東南流魏氏土地記曰薊東一
十里有高梁之水者其水又東南入濕水也
又東至漁陽雍奴縣西入笥溝
漢光武建武二年封潁川太守寇恂爲雍奴侯魏
遣張郃樂進圍雍奴即此城矣笥溝水之別名也
魏氏土地記曰清泉河上承桑乾河東流與潞河

合濕水東入漁陽所在枝分故俗諺云高梁無上源清泉無下尾蓋以高梁微涓淺薄裁足津通憑籍涓流方成川畛清泉至潞所在分流更爲微津散漫難尋故也

水經卷第十三

水經卷第十四

漢桑欽撰　後魏酈道元注

濕餘水　沽水　鮑丘水

濡水　遼水　小遼水

浿水

濕餘水出上谷居庸關東

關在沮陽城東南六十里居庸界故關名矣使者入上谷耿況迎之於居庸關即是關也其水導源關山南流歷故關下溪之東岸有石室三層其戶牖扇扉悉石也蓋古關之候臺矣南則絶谷累石爲關址崇墉峻壁非輕功可舉山岫層深側道褊峽林鄣邃嶮路才容軌曉禽暮獸寒鳴相和羈官

遊子聆之者莫不傷思矣其水歷山南逕軍都縣界又謂之軍都關續漢書曰尚書盧植隱上谷軍都山也其水南流出關謂之下口水流潛伏十許里是也

又東流過軍都縣南又東流過薊縣北

濕餘水故瀆東逕軍都縣故城南又東重源潛發積而爲潭謂之濕餘潭又東流易荆水注之其水導源西北逕千蓼泉亦曰丁蓼水東南流逕郁山西謂之易荆水公孫瓚之敗於鮑丘也走保易荆疑此水也易荆水又東左合虎眼泉水出平川東南流入易荆水又東南與孤山之水合水發川左道源孤山東南流入易荆水謂之塔界水又東

逕薊城又東逕平昌縣故城南又謂之昌平水魏氏土地記曰薊城東北一百四十里有昌平城城西有昌平河又東流注濕餘水濕餘水又東南流左右芹城水水出北山南逕芹城水東南流注濕餘水濕餘水又東南流逕安樂故城西更始使謁者韓鴻北狥承制拜吳漢爲安樂令此城也

又北屈東南至狐奴縣西入于沽河

昔彭寵使狐奴令王梁南助光武起自是縣矣濕餘水於縣西南東入沽河故地理志曰濕餘水自軍都縣東至潞南入沽是也

沽河從塞外來

沽水出禦夷鎮西北九十里丹花嶺下東南流大谷水注之水發鎮北大谷溪西南流逕獨石北界石孤生不因河而自峙又南九泉水注之水導北川左右翼注入川共成一水故有九源之稱其水南流至獨石注大谷水大谷水又南逕獨石西又南逕禦夷鎮城西魏大和中置以捍北狄也又東南尖谷水注之水源出鎮東北尖溪西南流逕鎮城東西南流注大谷水亂流南注沽水又南出峽岈有二城世謂之獨固門以其藉險憑固易爲依居兼壁昇聳疎通若門故得是名也沽水又南左合乾溪水引北川西南逕一故亭東又西南注沽水沽水又西南逕赤城東趙建武年幷州刺史王霸爲燕所敗退保此城城在山阜之上下抗深隍

溪水之名籍以變稱故河有赤地之號矣沽水又東南與鵲谷水合有二源南即陽樂水也出且居縣地理志曰水出縣東北流大融山小融山北歷女祁縣故城南地理志曰東部都尉治王莽之祁縣也世謂之橫水又謂之陽曲河又東南逕一故亭又東左與舊鹵水合水之出西北山東南流逕舊鹵城北城在居庸縣西北二百里故名云侯鹵太和中更名禦夷鎮又東南流注陽樂水陽樂水又東南逕傍狼山南山石色特上亭亭孤立超出羣山之表又東南逕溫泉東泉在山曲之中又逕赤城西屈逕其城南東南入赤城河水又東南右合高峰水水出高峰戍東南城在山上其水西

南流又屈而東南入沽水沽水又西南流出山逕漁陽縣故城西而南合七度水水出北山黃頒谷故亦謂之黃頒水東南流注于沽水沽水又南漁水注之水出縣東南平地泉流西逕漁陽縣故城南考諸地說則無聞所識釋考地尋川則有應氏自今城在斯水之陽有符文說漁陽之名當屬此秦發閭左戍漁陽即是城也漁水又西南入沽水又南與螺山之水合水出漁陽城南小山魏氏土地記曰城南五里有螺山其水西南入沽水沽水又南逕安樂縣故城東晉書地道記曰晉封劉禪爲公國俗謂之西路水也

南過漁陽狐奴縣北西南與濕餘水合爲沽河

沽水西南流逕狐奴山西又南逕狐奴縣故城西
漁陽太守張堪於縣開稻田敎民植種百姓得以
殷富童謡歌曰桑無附枝麥秀兩岐張君爲政樂
不可支視事八年匈奴不敢犯塞沽水又南陽重
溝水注之出狐奴山南轉逕狐奴城西王莽之所
謂舉符也側城南注右會沽水沽水又南濕餘水
注之沽水又南左會鮑丘水世所謂東路也沽水
又南逕潞縣爲有潞名潞河也魏氏土地記曰城
西三十里有潞河也

又東南至雍奴縣西爲笥溝

濕水入焉俗謂之合口也又東鮑丘水於縣西北
而東出焉

又東至南泉州縣與清河合東入于海清河者派河
尾也

沽河又東南逕泉州縣故城東王莽之泉調也沽
水又東南合清河也今無水清湛漳洹滱易涞濡
沽虖池同歸于海故經曰派河尾也

鮑丘水從塞外來南過漁陽縣東

鮑丘水出禦夷北塞中南流逕九莊嶺東俗謂之
大榆河又南逕鎮東南九十里西密雲戍西又南
左合道人溪水水北川南流逕孔山西又歷密雲
戍東左合孟廣硎水水出硎下硎甚增峻峨峨冠
衆山之表其水西逕孔山南上有洞穴開明故土
俗以孔山流稱硎水又西南至密雲戍東西注通

人水亂流西南逕密雲戍城南右會大榆河有東密雲故是城言西矣大榆河又東南流白楊泉水注之北發白楊溪挈雖右注大榆河又東南龍芻溪水自決注之大榆河又東南峽逕安州舊漁陽郡之滑鹽縣南左合縣之北溪水水出縣北廣長塹南太和中掘此以防北狄其水南流逕滑鹽縣故城東王莽更名匡德也漢明帝改曰鹽田右承治世謂之斛鹽城西北去禦夷鎮二百里南注鮑丘水又南逕虎縣故城東王莽更之曰敦德也鮑丘水又西南逕獷平縣故城東王莽之所謂平獷也又南合三城水水出曰里山西逕三城獷謂之三城水又逕香陘山上悉生藁本香世故名焉又

西逕石窟南窟內寬廣行者依焉窟內有水淵而不流栖薄者取給焉又西北逕伏凌山南與石門水合水出伏凌山山高峻巖鄣寒深陰崖積雪凝水夏結事同離騷峨峨之詠故世人因以名山也水西南流注之是水有桑谷之名蓋沿出桑溪故也又西南逕獷平城東南而右注鮑丘水鮑丘水東南逕漁陽郡治也秦始皇二十二年置王莽更名通路縣曰得鮑丘水又西南流公孫瓚旣害劉虞烏丸思劉氏之德迎其子和合衆十萬破瓚於是水之上斬首一萬鮑丘水又西南歷狐奴城東又西南流注之于沽河亂流而南

又南過潞縣西

鮑丘水入潞通得鮑丘之稱矣高梁水注又首受㶟水於戾陵堰水北有梁山山有燕刺王旦之陵故以戾陵名堰水自堰枝分東逕梁山南又東北逕劉靖碑北其去魏使持節都督河北道諸軍事征北將軍建城鄉侯沛國劉靖字文恭登梁山以觀源流相隰以度形勢嘉武安之通渠羡秦民之殷富乃使帳下督丁鴻軍士千人以嘉平二年立遏於水道高梁河造戾陵遏開車箱渠其遏表云高梁河水者出自并州黄河之别源時長岸峻固直截中流積石籠以爲主遏高一丈東西長三十丈南北廣七十餘步依北岸立水門門廣四丈立水十丈山川暴戾則乘遏東下平流守常則自門

地入灌田歲二千頃凡所封地百餘萬畝至景元三年辛酉詔書以民食轉廣陸廢不贍遣謁者樊晨更制水門限田千頃刻地四千三百一十六頃出給郡縣改定田五千九百三十頃水流乘車箱渠自薊西北逕昌平東盡漁陽潞縣凡所潤含四五百里所灌田萬有餘頃高下孔濟原隰底平疏之斯溉決之斯散導渠口以爲濤門灑滮池以爲甘澤施加於當時敷被于後世晉元康四年君少子驍騎將軍平鄉侯弘受命使持節監幽州諸軍事領護烏丸校尉寧朔將軍遏立積三十六載至五年夏六月洪水暴出毁損四分之三乘北岸七十餘丈上渠車箱所在漫溢追惟前立遏之勲親

臨山川指授規畧命司馬關內侯逢惲內外將士
二千人起長岸立石渠修立遏治水門門廣四丈
立水五尺與復載利通塞之宜准遵舊制凡用功
四萬有餘焉諸部王侯不召而自至繈負而事者
蓋數千人詩載經始勿亟易稱民忘其勞斯之謂
乎於是二府文武之士感秦國思鄭業之績魏人
置豹祀之義乃遐慕仁政追述成功元康五年十
月十一日刊石立表以紀勲烈并記遏制度永爲
後式焉事見其碑辭又東南流薊縣北又東至潞
縣注于鮑丘之水又南逕潞縣故城西王莽之通
潞亭也漢光武遣吳漢耿弇等破銅馬五幡於潞
東謂是縣也屈而東南流逕潞城南世祖拜彭寵

爲漁陽太守治此寵叛光武遣游擊將軍鄧隆伐
之軍於是水之南光武策其必敗果爲寵所破遺
壁故壘存焉鮑丘水又東南入夏澤澤南紆曲渚
一十餘里北佩謙澤眇望無限也

又南至雍奴縣北屈東入于海

鮑丘水自雍奴縣故城西北舊分笥溝水東出合
笥溝斷衆川東注混同一瀆東逕其縣北又東與
泃河合水出右北平無終縣西山白楊谷西北流
逕平谷縣屈西南流獨樂水入焉水出北抱犢固
平南逕谷縣故城東後漢建武元年光武遣十二
將追大槍五幡及平谷大破之於是縣也其水南
流入于泃泃水又左合盤山水水出山上其山峻

踰人跡罕交去山三十許里望山上水可高二十
餘里素湍皓然頹波歷溪沿流而下自西北轉注
于洵水洵水又東南逕平縣故城東南與㳿河會
水出北山山在虎溪縣故城東南東南流逕博陸
故城北又屈逕其城東世謂之平陸城非也漢武
帝封璽書封大司馬霍光爲侯國文頴曰博大陸
平取其嘉名而無其縣食邑北海河東薛瓚曰按
漁陽有博陸城謂此也今其居山之陽處平陸之
上匝帶川流面據四水文氏所謂無縣目嘉美名
也㳿水又東南流逕平谷縣故城西而東南流注
于渠洵河洵河又南逕紲城東而南合五百溝水
水出七山北東逕平谷縣之紲城南東入于洵河

河又東南逕臨河城北屈而歷其城東側城南出
竹書紀年梁惠成王十六年齊師及燕戰于洵水
齊師遁即是水也洵水又南入鮑丘水又東合泉
州渠口故瀆上承滹池水於泉州縣故以泉州爲
名北逕泉州縣東又北逕雍奴縣東西去雍奴故
城一百二十里自滹池北入其下歷水澤一百八
十里入鮑丘河謂之泉州口陳壽魏志曰曾太祖
以蹋頓擾邊公將征之從洵口鑿渠逕雍奴泉州
以通河海者也合無水鮑丘水又東庚水注之水
出右北平徐無縣北塞中而南流歷徐無山得黑
牛谷水又得沙谷水並西出山東流注庚水昔田
子泰避難居之衆至五千家開山圖曰山出不炭

之木生火之石案江云其木色黑似炭而無葉有石赤石如丹以一石相磨則火發以然無水可以終身今則無之其水又逕徐無縣故城東王莽之北順亭魏氏土地記曰右北平城東北一百一十里有徐無城其水又西南與周盧溪水合水出徐無山東南流注庚水庚又西南流灅水注之水出右北平後靡縣王莽之後靡也東南流世謂之車軬水東南流與溫泉水合水出北山溪即溫源也養疾者不能澡其炎漂以其過灼故魏氏土地記曰徐無城東有溫湯即此也其水南流百步便伏流入于地下水盛則通注灅水又東南逕石門峽山之高嶄絕壁立洞開俗謂之石門口漢中平四

年漁陽張純反殺右北平太守劉政遼東太守陽紘中平五年與中郎將孟溢率公孫純討戰于石門大破之灅水又東南流謂之北黃水又屈而爲南黃水又西南逕無終山即帛仲理所合神丹處也又於是山作金五千斤以救百姓山有陽翁伯玉田在縣西北有陽公壇社即陽公之故居也搜神記曰雍伯雒陽人至性篤孝父毋終沒葬之於無終山山高八十里而上無水雍伯置飲焉有人就飲與石一斗令種之玉生其田北平徐氏有女雍伯求之要以白璧一雙媒者致命伯至玉田求得五雙徐氏妻之遂即嫁焉陽氏譜敘言翁伯是周景王之孫食采陽樊春秋之末爰宅無終因陽

室外四出爂火炎勢內流一堂盡溫蓋以此土寒
巖霜氣肅猛出家沙門率皆貧游施主慮闕道業
故崇斯構是以志道者多栖託焉其水又西南流
又合區落水出縣北山東南流入巨梁水巨梁水
又西逕土垠縣故城西左會寒渡水水出縣東北
西南流至縣石注梁河河又南澗于水注之水出
東北山西南流逕土垠縣故城東西南流入巨梁
水又東南右合五里水水發北平城東北五里山
故世以五里名溝一名田繼泉西流南屈逕北平
城東東南流注巨梁河亂流入于鮑丘水巨梁自
是水之南極虖池西至泉州雍奴東極於海謂之
雍奴藪其澤野有九十九澱校流條右往往逕通

非唯河鮑丘歸海者也

濡水從塞外來東南過遼西令支縣北

濡水出禦夷鎮東南其水二源雙引夾山西北流
出山合成一川又西北逕禦夷故城東鎮北百四
十里北流左道則連泉水注之出故城東西北流
逕故城南又西北逕淥水池南其水淵而不流其
水又西屈而北流又東逕故城北連結兩池沼謂
之連泉浦又東北注難河難河右則汗水入焉水
出東塢南西北流逕沙野南北人名之曰沙鎮東
北二百三十里西北入難河濡難聲相近狄俗語
訛耳水又北逕沙野西又北逕箕安山東屈而東
北流逕沙野北東北流逕林山北水北有池潭而

不流濡水又東北流逕孤山南東北流呂泉水注之水出呂泉塢西東南流屈而東逕塢南東北流三泉水注之其源三泉鴈次合爲一水鎮東北四百里東南注呂泉水呂泉水又東逕孤山北又東北逆流水注之水出東南導泉西流右屈而東北注木林山水會之水出山南東注逆水亂流東北注濡河濡河又東盤泉入焉水自西北東南流注濡河濡河又東南木流迴曲謂之曲河鎮東北三百里又東出峽入安州界東南流逕漁陽白檀縣故城地理志曰濡水縣北蠻中漢景帝詔李廣曰將軍其帥師東轅彌節白檀者也又東南流右與要水合水出塞外三川並導謂之大要水也東南流逕要陽縣故城東本都尉治王莽更之曰要術矣要水又東南流逕白檀縣而東南流入于濡濡水又東而南索頭水注之水北流南逕廣陽僑郡西魏分右北平置今安州治又南流注于濡濡水又東南流武列水入焉其水三川派合西源右爲溪水亦曰西藏水東南流出溪與蟠泉水合泉發州東十五里東流九十里東注西藏水西藏水又西南流東藏水注之水出東溪一日東藏水西南流出谷與中藏水合水導中溪南流出谷南注東藏水故目其川曰三藏川水曰三藏水東藏水又南右入西藏水亂流右會龍泉水水出東山下淵深不測其水西南流注于三藏水三藏水又西南

流與龍芻水合兩出于龍芻之溪東流入濡水又
東南流逕列溪謂之武列水東南歷石梃下左層
巒之上有孤石雲舉臨崖危峻可高百餘刃牧守
所逕命選練之士彎張矢無能届其崇標者其水
東合流入濡濡水又東南五渡水注之水北出安
樂縣丁原山南流逕其縣故城西本三會城也其
水南入五渡塘於其川也流紆曲溯涉者頻濟故
川塘取名矣又南流注于濡濡水又與高石水合
水東出安樂縣東山西流歷川三會城南西入五
渡川下注濡水濡水又東南逕盧龍塞塞道自無
終東縣出渡濡水向林蘭陘東至清陘盧龍之嶮
峻坂縈折故有九峥之名矣燕景昭元璽二年遣

將軍步渾治盧龍其道焚山刊石令通方軌刻石
嶺上以記事功其銘尚存而庾泉之注楊都賦言
盧龍山在平罡城北殊爲孟浪遠失事實余按盧
龍東越青陘至凡城二百許里自凡城東北出趣
平罡故城可百八十里向黄龍則五百里故陳壽
魏志曰疇引軍出盧龍塞塹山堙谷五百餘里逕
白檀歷平罡登白狼望柳城平罡在盧龍東北遠
矣而仲初言在南非也濡水又東南逕盧龍故城
東漢建安十二年魏武征蹋頓所築也濡水又南
黄洛水注之水北出盧龍山南流入于濡濡水又
東南水名合焉水出盧龍塞西南流注濡水又合
屈而注得去潤水又會敖水二水並自盧龍西注

濡水又東南流逕令支縣故城東王莽之民亭也
秦始皇二十二年分燕置遼西郡令支縣焉魏氏
土地記曰肥如城西十里有濡水南流注逕孤竹
城西右合玄水世謂之小濡水非也水出肥如東
北玄溪西南流逕其縣東東屈南轉西逕肥如
縣故城南俗又謂肥如水非也故城肥子國應劭
曰晉滅肥肥子奔燕燕封於此故曰肥如也漢高
帝六年封蔡寅爲侯國西南流右會盧水水出縣
東北沮溪南流謂之大沮水又南左合陽樂水水
出東北陽樂縣地理風俗記曰陽樂故燕也遼西
郡治秦始皇二十二年置魏氏土地記曰海陽城
西南有陽樂城其水又西南入于沮水謂之陽口

沮水又西南小沮水注之發冷溪世謂之冷池又
南得温泉水口注之出東北温溪自溪西南流入
于小沮水小沮水又南流與大沮水合而爲盧水
也桑欽說盧子之書言晉既滅肥遷其族于盧水
盧水有二渠號小沮大沮合而入于玄盧水又南
與温水合水出肥如城北西流注于玄水地理志
曰盧水又南入玄水玄水又西南逕孤竹城北西
入濡水故地理志曰玄水東入濡蓋自東而注也
地理志曰令支有孤竹故城孤竹國也史記曰孤
竹君之二子伯夷叔齊讓國於此而餓死於首陽
漢靈帝時遼西太守廉翻夢人謂已曰余孤竹君
之子伯夷之弟遼海漂吾棺槨聞君仁善願見藏

覆明日視之水上有浮棺矣里笑者皆無疾而死
於是改葬之晉書地道志曰遼西人見遼水有浮
棺欲破之語曰我孤竹君也汝破我何爲因爲立
祠焉祠在山上城在山側肥如縣南十二里水之
會也
又東南過海陽縣西南入于海
濡水自孤竹城東南逕主鄉北瓠溝水注之出城
東南東流注濡水濡水又逕牧城南分爲二水北
水枝出世謂之小濡水也東逕樂安亭北東南入
海濡水東南流逕樂安亭南東與新河故瀆合自
雍奴縣承鮑丘水東出謂之鹽關口魏太祖征蹋
頓與泃口俱導也世謂新河矣陳壽魏志以通河
海也新河又東北絕庚水又東北出逕右北平絕
泃渠之水又東北逕昌城縣故城北王莽之淑
武也新河又東爲二水枝瀆東南入海新河自板
渠東出合封大水謂之交流合水出新平縣西南
流逕新平縣故城西地理志遼西之屬縣也又東
南流龍鮮水注之水出縣西北世謂之馬頭山二
源俱導南合一川東流注封大水地理志曰龍鮮
水東入封大水者也亂流南會新河南流于海地
理志曰封大水於海陽縣南入海新河又東出海
陽縣與緩靈水會水出新平縣東北世謂之大籠
山東南流逕令支城西西南流與新河合南流注
于海地理志曰緩靈水與封大水皆南入海新河

又東與素河會謂之白水口出令支縣之藍山南
合新河又東南入海新河又東至九過口枝分南
注海新河又東逕海陽縣故城南漢高祖六年封
搖海餘爲侯國魏土地記曰令支城南六十里有
海陽城者也新河又東與清水會水出海陽縣東
南流逕海陽城東又南合新河又南流一十許里
西入九過注海新河又東絕清水又東木究水出焉
南入海新河又東左迤爲孔陽孤淀名右絕新河
南海注新河又東會于濡濡水又東南至絫縣碣
石山文頴曰碣石在遼西絫縣王莽之選武也絫
縣幷屬臨瑜王莽更臨渝爲憑德地理志曰大碣
石山在右北平驪城縣西南王莽改曰碣石也漢

武帝亦嘗登之以望巨海而勒其石於今此枕海
有石如埇道數十里當山頂有大石如柱形往往
而見立於巨海之中潮水大至及潮波退不動不
没不知深淺世名之天橋柱也狀若人造要亦非
人力所就韋昭亦指此以爲碣石也三齊略記曰
始皇於海中作石橋海神爲之竪柱始皇求爲相
見神云我形醜莫圖我形當與帝相見乃入海四
十里見海神左右莫動手工人潛以脚畫其狀神
怒曰帝負約速去始皇轉馬還前脚猶立後脚隨
崩僅得登岸畫者溺死於海衆山之石皆傾注今
猶岌岌東趣疑即是也濡水於此南入海而不逕
海陽縣西也蓋經惧證耳又按管子齊桓公二十

年征孤竹來至卑耳之谿十里闟然止瞠然視授
弓將射引而未發謂左右曰見前乎左右對曰不
見公曰寡人見長尺而人物具焉冠右袪衣走馬
前豈有人若此乎管仲對曰臣聞登山之神有偷
兒長尺人物具霸王之君興則登山之神見且走
馬前走導也袪衣示前有水石袪衣示從右方涉
也至卑耳之溪有贊水者從左方涉其深及冠右
方涉其深至膝已涉大濟桓公拜曰仲父之聖此
寡人之私罪也久矣今自孤竹南出則巨海矣而
滄海之中山望多矣然卑耳之川若贊溪者亦不
知所在也昔在漢世海水波襄吞食地廣當同碣
石苞淪洪波也

大遼水出塞外衛白平山東南入塞過遼東襄平縣
西遼水亦言出砥石山自塞外東流直遼東之望
平縣西王莽之長說也屈而西南流逕襄平縣故
城西秦始皇二十二年滅燕置遼東郡治此漢高
帝八年封紀通爲侯國王莽之昌平也故平州治
遼隊縣故城西王莽更名之曰順陸也公孫淵遣
將軍畢衍拒司馬懿於遼隊即是處也遼水又南
歷縣有小遼水其流注之也
又東南過房縣西
地理志曰房故遼東之屬縣遼水又右會白狼水
水出右北平白狼縣東南廣成縣北流西北屈逕
廣成縣故城南王莽之平虜也俗謂之廣都城又

西北石城川水注之水出西南石城山東流逕石
城縣故城南地理志曰右北平有石城縣北屈逕
白鹿山西即白狼山也魏書國志曰遼西單于蹋
頓尤強爲袁氏所厚故袁尚歸之數入爲害公出
盧龍塹小堙谷五百餘里未至柳城二百里尚與
蹋頓將數萬騎逆戰公登白狼山望柳城卒與虜
遇乘其不整縱兵擊之虜衆大崩斬蹋頓胡漢降
者二十萬口英雄記曰曹操於是繫馬鞍於馬上
作十片即於此也博物志曰魏武於馬上逢獅子
使格之殺傷甚衆王乃統率常從健兒數百人擊
之獅子哮呼奮越左右咸驚王忽見一物從林中
出如貍超上王車軛上獅子將至此獸便跳上獅

子頭上獅子即伏不敢起於是遂殺之得獅子而
還未至洛陽四十里洛陽雞狗皆無鳴吠者也其
水又東北入廣成縣東注白狼水白狼水北逕白
狼縣城東王莽更名伏狄白狼水入東方城川水
注之水發川西南山下流北屈逕一故城西世謂
之雀目城東屈逕方城北東入白狼水白狼水又
東北逕昌黎縣故城西地理志曰交黎也東部都
尉治王莽之禽虜也應劭曰今昌黎也高平川水
注之水出西北平川東流逕倭城北蓋委也人從
之又東南逕乳樓城北蓋逕戎鄉邑兼夷稱之又
東南注白狼水白狼水又東北自魯水注之道西
北遠山東南注白狼水白狼水又東北逕龍山西

燕慕容皝以柳城之北龍山之南福地也使陽裕
築龍城改柳城爲龍城縣十二年黑龍白龍見於
龍山皝親觀龍去二百步祭以太牢二龍交首嬉
翔解角而去皝悅大赦號新宮曰和龍宮立龍翔
祠于山上白狼水又北逕黃龍城東十三州志曰
遼東屬國都尉治昌黎道有黃龍亭者也魏營州
刺史治魏氏土地記曰黃龍城西南有白狼河東
北流附城東北下即是也又東北濫眞水出西北
塞外東南歷重山東南入白狼水白狼水又東北
出東流爲二水右水疑即渝水也地理志曰渝水
首受白狼水西南巡山逕一故城以爲河連城疑
是臨渝縣之故城王莽曰憑德者矣渝水南流東

屈與一水會世名之曰檻倫水蓋戎方之變名耳
疑即地理所謂侯水北入渝者也十三州志曰侯
水南入渝地理志言蓋自北而南也又西南流注
于渝渝水又東南逕一故城東俗曰女羅城又南
逕營丘城西營丘在齊而名之於遼燕之間者蓋
燕齊遼迴僑分所在其水東南入海地理志曰渝
水自塞南入海一水東北出塞爲白狼水又東南
流至房縣至于遼魏氏土地記曰狼水下入遼也

又東過安市縣西南入于海

十三州志大遼水自塞西南至安市入于海

又玄兎高句麗縣有遼山小遼水所出西南至遼隧
縣入于大遼水也

縣故高句麗相之國也漢武帝元封二年平右渠置玄兎郡於此王莽之下句麗水出遼山西南流逕遼陽縣與大渠水會水出北塞外西南流逕至遼水故地理志曰大梁水西南至遼陽入遼郡國志曰縣故屬遼東後入玄兎其水西南流故謂之爲梁水也小遼水又西南逕襄平縣爲淡淵晉永嘉三年涸小遼水又逕襄平縣入大梁水司馬宣王之平遼東也斬公孫淵於斯水之上者也

浿水出樂浪鏤方縣東南過于臨浿縣東入于海

許愼云浿水出鏤方東入海一曰出浿水縣十三州志曰浿水縣在樂浪東北鏤方縣在郡東蓋出其縣而逕鏤方也昔燕人衛滿自浿水而至朝鮮

朝鮮故箕子國也箕子教民以義田織信厚約以入法而下知禁遂成禮俗戰國時滿乃王之都王險城地方數千里至其孫右渠漢武帝元封二年遣樓船將軍楊僕左將軍荀彘討右渠破渠于浿水遂滅之若浿水東流無渡浿之理其地今高句麗之國治余訪蕃使言城在浿水之陽其水西流逕故樂浪朝鮮縣即樂浪郡治漢武帝置而西北流故地理志曰浿水西至增池縣入海又漢興以朝鮮爲遠循遼東故塞至浿水爲界考之今古於事差謬蓋經悞證也

水經卷第十四

水經卷第十五

漢桑欽撰　後魏酈道元注

洛水

洛水出京兆上洛縣讙舉山

地理志曰洛出冢嶺山山海經曰出上洛西山又曰讙舉之山洛水出焉東與丹水合水出西北竹山東南流注于洛

洛水又東戸水注之

水北出發戸山南流入洛

洛水又東得乳水

水北出良餘山南南注于洛

水又東會于龍餘之水

水出蠱尾之山東流入洛水又東至陽虛山合玄扈之水是也又曰自鹿蹄之山以至玄扈之山九九山玄扈亦山名也而適與讙舉爲九山之次焉故山海經曰此二山者洛間也是知玄扈之水出于玄扈之山蓋山水兼受其目矣其水逕于陽虛之下山海經曰又陽虛之山臨于玄扈之水是爲洛汭也河圖玉板曰倉頡爲帝南巡登陽虛之山臨于玄扈洛汭之水靈龜負書丹甲青文以授之即於此水也又東歷清池山傍東合武里水水南出武里山東北流注于洛

洛水又東門水出焉

爾雅所謂洛別爲波也洛水又東要水入焉水南

出三要山東北逕拒陽城西而東北流入于洛洛水又東與獲水合水南出獲輿山俗謂之備水也東北逕獲輿川世名之爲却川東北流注于洛

洛水又東逕熊耳山北

禹貢所謂導洛自熊耳博物志曰洛出熊耳葢闕其源者是也

東北過盧氏縣南洛水逕陽渠關北

陽渠水出南陽渠山即荀渠山也其水一源兩分川流半解一水西北流屈而東北入於洛山海經曰熊耳之山浮豪之水出焉西北流注于洛疑即建水也荀渠葢熊耳之殊稱若太行之歸山也故池說曰熊耳之山地門也洛水出其間是亦總名矣其一水東北逕陽渠城西故關城也其水東北流注于洛

洛水又東逕盧氏縣故城南

竹書紀年晉出公十九年晉韓龍氏城王莽之昌富也有盧氏川水注之水北出盧氏山東南流逕盧氏城東而流注于洛水又東龍翼合三川並出縣之南山東北注洛開山圖曰盧氏山宜五穀可避水災亦通謂之石城山山在宜陽山西南千名之山咸處其内陵阜原隰易以度身者也又有葛蔓谷水自南山流注洛水洛水又東逕高門城南即宋書所謂後軍外兵龐季明入盧氏進達高門木城者也

洛水東與高門水合

水出北山東南流合洛水枝津水上承洛水東北流逕右勒城北又東逕高門城北東入高門水亂流南注洛

洛水又東松楊溪水注之

水出松楊山北流注于洛洛水又東逕黃亭南又東合黃城溪水水出鵜鶘山有二峯峻極于天高崖雲舉亢石無階猨徒喪其捷巧鼯族窮其輕工及其長霄冒鎮層霞冠峰方乃就辨優劣耳故有大小鵜鶘之名矣溪水東南流歷亭下謂之黃亭溪水而東南入于洛水洛水又東得荀公漢口水出南山荀澗即龐季明所入荀公谷者也其水歷

谷東北流注于洛水洛水又東逕檀山南其山四絕孤峙山上有塢聚俗謂之檀山塢義熙中劉公西入長安舟師所届次于洛陽命叅將戴延之與府舍人虞道元即舟泝流窮覽洛川欲知水軍可至之處延之届此而返竟不達其源也

洛水又東庫谷水注之

水自宜陽山南三川並發合爲一溪東北流注于洛洛水又東得鵜鶘水口水發北鵜鶘澗東南流入于洛洛水又逕僕谷亭北左合北水水出北山東南流注于洛洛水又東侯谷水出南山北流入于洛洛水又東逕龍驤城北龍驤將軍王鎮惡從劉公西入長安陸徑所由故城得其名洛水又東

左合宜陽北山水水自北溪南流注洛水又東
廣由澗水注之水出南山由溪北溪逕龍驤城東
而北流入于洛洛水又東右得直谷水水出南山
北逕屯城西北流注于洛水也
又東北過蠡城邑之南
城西塢水出北四里山上原高二十五丈故澠池
縣治南對金門塢水南五里舊宜陽縣治也洛水
右會金門溪水水南出金門山北逕金門塢西北
流入于洛洛水又東合款水有二源並發而川逕
引謂之大款水也合而東南入于洛洛水又東黍
良谷水入焉南出金門山開山圖曰山出多重固
在韓建武二年強弩偏將軍陳俊轉聲金門白馬

皆破之即此也而東北流注于洛洛水又東左合
北溪南流入于洛水也
又東過陽市邑南又東北過于父邑之南
太陰谷水南出太陰溪北流注于洛洛水又東白
馬溪水出宜陽山澗有大石厥狀似馬故溪閒以
物邑受名也溪水東又北流注于洛洛水又東有
昌澗水注之水出西北宜陽山而東南流遥宜陽
故郡南舊陽市邑也故洛陽都典農治此後改爲
郡其水又南注于洛洛水又東逕一合塢南城在
川北原上高二十丈南北東三箱天嶮峭絕唯築
西面即爲令固一合之名起於是矣劉曜之將攻
河南也晉將軍魏該奔於此故于父邑也洛水又

東合杜楊澗水出西北杜楊溪東南逕一合塢東與槃谷水合亂流東南入洛

洛水又東渠谷

水出宜陽縣南女几山東北流逕雲中塢在上迢帶層峻流烟半垂纓帶山阜故塢受其名水又東北入洛水臧榮緒晉書稱孫登嘗經宜陽山作炭人見之與語登不應作炭者覺其情神非常咸共傳說太祖聞之使阮籍往觀與語亦不應籍因大嘯登笑曰復作向聲又爲嘯求與俱出登不肯籍因別去登上峰行且嘯如簫韶笙簧之音聲振山谷籍怪而問作炭人作炭人曰故是向人聲籍更求之不知所止推問久之乃知姓名余按孫綽之

叙高士傳言在蘇門山又別作登傳孫盛魏春秋亦言在蘇門山又不列姓名阮嗣宗感之著大人先生論言吾不知其人即神遊自得不與物交阮氏尚不能動其英操復不識何人而能得其姓名

又東北過宜陽縣南

洛水之北有熊耳山雙巒競舉狀同熊耳此自別山不與禹貢導洛自熊耳同也昔漢光武破赤眉樊崇積甲仗與熊耳平即是山也山際有池池水東南流水側有一池世謂之澠池矣又東南逕宜陽縣故城西謂之西度水又東南流入于洛

洛水又東逕宜陽縣故城南

秦武王以甘茂爲左丞相曰寡人欲通三川窺周

室死不朽矣哉請約魏以攻韓斬首六萬遂拔宜陽城故韓地也後乃縣之漢哀帝封息夫躬爲侯國城之西門赤眉樊崇與盆子及大將等奉璽綬斂壁處世祖不即見明日陳兵於洛水見盆子等謂盆子丞相徐宣曰不悔乎宣曰不悔上嘆曰卿庸中皦鐵中錚錚也洛水又東與厭梁之水合水出縣北傳山大陂山無草木其水自陂北流屈而東南注世謂之五延水又東南流逕宜陽縣故城東東南流注于洛洛水又東南黃中澗水出北阜二源奇發揔成一川東流注于洛洛水又東祿泉注之其水近出北溪洛水又東共水入焉水北出長石之山山無草木其西有谷焉厥名共谷共水

出焉南流得尹溪口水出西北尹谷東南注之其水又與西南左澗水會水東出近川西流注于共水共水又南與李谷水出西西北李溪東南注蓁水蓁水發源蓁谷西南流與李谷水合而西南流入共水共水世謂石頭泉而南流注于洛洛水又東黑澗水南出陸渾西山歷于黑澗西北入洛洛水又東臨亭川水注之水出西北近溪東南與湖長澗水會水出北山南入臨亭水又東南歷九曲西而南入洛水也

又東北出散關南

洛水東逕九西南其地十里有坂之曲穆天子傳所謂天子西征升于九阿此是也洛水又東與豪

水會水出新安縣密山南流歷九曲東而南流入
于洛洛水之側有石墨山山石盡黑可以書䟽故
以石墨名山矣

洛水又東枝瀆左出焉

東出關絕惠水又逕清女冢南冢在北山上耆舊
傳云斯女清貞秀古跡表來今矣故瀆又東逕周
山上有周靈王冢皇覽曰周靈王葬於河南城西
南周山上蓋以王生而神故謚曰靈其冢人祠之
不絕又東北逕柏亭南皇覽曰周山在柏亭西柏
謂斯亭也又東北逕三王陵東北出焉三王或言
周景王悼王定王也魏司徒公崔浩注西經賦云
定當爲敬子朝作難西周政弱人荒悼敬二王與

景三俱葬於此故世以三王名陵帝王世紀曰景
王葬于翟泉今洛陽太倉中大冢是也而復傳言
在此所未詳矣又悼敬二王稽諸史傳復無葬處
今陵東有石碑録赧王以上世王名號考之碑記
周墓明矣故瀆東北歷制鄉逕河南縣王城西歷
郟鄏陌杜預釋地曰縣西有郟鄏陌謂此也故瀆
又北入穀蓋經始周啓瀆久廢不修矣洛水自枝
瀆又東出關惠水右注之世謂之八關水戴延之
西征記謂之八關澤即經所謂散關鄣自南山橫
洛水北屬於河皆關塞也即楊僕家僮所築矣惠
水出白石山之陽東南流與瞻水合水東出婁冢
之山而南流入惠水惠水又東南謝水北出瞻諸

之山東南流又有交觸之水北出廆山南流俱合
惠水惠水又南流逕關北城二十里者也其城西
岨塞垣東抗惠水靈帝中平元年以河南尹何進
爲大將軍五營士屯都亭置函谷關廣城伊闕大
谷轘轅旋門平津孟津等八關都尉官治此函谷
爲之首在八關之限故世人惣其統目有八關之
名矣其水又南流入于洛水山海經曰白石之山
惠水出其陽而南流注于洛謂是水也洛水又與
虢水會水出林楮之山北流注于洛水之南則鹿
蹄之山也世謂之非也其山陰則峻絶百仞陽則
原阜隆平甘水發于東麓北流注于洛水也
又東北過河南縣南

周書稱周公將致政乃作大邑城周于中土南繫
于洛水北因于郟山以爲天下之大湊孝經援神
契曰八方之廣周洛爲中謂之洛邑竹書紀年晉
定公二十年洛絶于周魏襄王九洛入城周山水
大出南有甘洛城郡國志曰所謂甘城也地記曰
洛水東北過五零倍尾北與澗瀍合是二水東入
千金渠故瀆存焉
又東過洛陽縣南伊水從西來注之
洛陽周公所營洛邑也故洛誥曰我卜瀍水東亦
惟洛食其城方七百二十丈南繫于洛水北因于
郟山以爲天下之湊方六百里因西爲千里春秋
昭公二十三年晉令諸侯大夫戍成周之城故亦

曰成周也遷自序云太史公留滯周南摯仲治曰
古之周南今之洛陽漢高祖始欲都之感婁敬之
言不日而駕行矣屬光武中興宸居洛邑逮於魏
晉咸兩宅焉故魏略曰漢火行忌水故去其水而
加佳魏為土德土水之母也水得土而流土得水
而柔除佳加水長沙耆舊傳曰祝良字召卿為洛
陽令歲時亢旱天子祈雨不得良乃暴身階庭告
誠引罪自晨至中紫雲水起甘雨登降人為歌曰
天久不雨蒸人失所天王自出祝令特苦精符感
應滂沲下雨則縣司及河南尹治司隷周官也漢
武帝使領徒隷董督京畿因名司州焉地記曰洛
水東入于中提山間東流會于伊是也昔黃帝之

時天大霧三日帝遊洛水之上見大魚煞五牲以
醮之天乃甚雨七日七夜魚流始得圖書今河圖
視萌篇是也昔王子晉好吹鳳笙招延與道士浮
丘同遊伊洛之浦含始又受玉雞之瑞於此水
亦洛神宓妃之所在也洛水又東合水南出半石
之山北逕今水塢而東北流注于公路澗但世俗
音訛號之曰光祿澗非也上有袁術固四周絶澗
迢遰百仞廣四五里有一水淵而不流故溪澗即
其名也合水北與劉水合水出半石東山西北流
于劉聚三面臨澗在緱氏西南周畿內劉子國故
謂之劉澗其水西北流注于合水合水又北流注
于洛水也

又東過偃師縣南
洛水東逕計素渚中朝時百國貢計所頓故渚得其名又東偃師故縣南與緱氏分水又東休水自南注之其水導源少室山西流逕穴山南而北與少室山合水出少室北溪西南流注休水休水又左會南溪水發大穴南山北流入休水休水又西南北屈潛流地下其故瀆北屈出峽謂之大穴口北歷覆釜堆東蓋以物象受名矣又東屈零星塢水流潛通重源又發側緱氏原關山圖謂之緱氏山也亦云仙者昇焉言王子晉控鶴斯阜靈王望而不得近舉手謝而去其家得遺屣俗亦謂之爲撫父堆堆上有子晉祠或言在九山非此世代已

遠矣莫能辨之劉向仙傳云世有簫管之聲焉休水又逕延壽城南緱氏縣治故滑費春秋滑國郡都也王莽更名中亭即緱氏城也城有仙人祠謂之仙人觀休水又西轉北屈逕其城西水之西南有司空密陵光侯鄭廟碑文缺不可復識又有晉城門校尉昌原恭侯鄭仲林碑晉皇始六年立休水又北流注于洛水洛水又東逕百谷塢北戴延之西征記曰塢在川南因而爲塢高一十餘丈劉武王西入長安舟師所堡也
洛水又北陽渠水注之
竹書紀年晉襄公六年洛絶于洄即此處也洛水又北逕偃師城東東北歷鄩中水南謂之南鄩中

水之南鄩亦曰上鄩也逕訾城西司馬彪所謂訾聚也而鄩水注之水出北山鄩溪其水南流世謂之溫水泉水側有重人穴穴中有僵尸戴延之從劉武王西征記曰有此尸尸今猶在夫物無不化之理魂無不遷之道而此尸無神識事同木偶之狀喻其推移未若正形之連遷矣鄩水又東南於訾城西北東入洛水故京相璠曰今鞏洛渡北有水鄩谷東入洛謂之下鄩故有上鄩下鄩之名亦謂之北鄩於是有南鄩北鄩之稱矣又有鄩城蓋周大夫鄩肸之舊邑

洛水又東逕訾城北又東羅水注之

出方山羅川西北流蒲池水注之出南蒲陂西北流合羅水謂之長川羅亦曰羅中也蓋肸子尋羅之宿居故川得其名耳羅水又西北白馬溪水注之水出嵩山北麓逕白馬塢東而北入羅水西北流白相澗水注之水出嵩麓桐溪北流逕九山東又北九山東溪水入焉水出百稱山東谷其山孤峰秀出嶕嶢分立仲長統曰昔密有卜城者身遊九山之上放心不拘之境謂是山也山際有九山廟廟前有碑云九顯靈君者太華之元子陽九列名號曰九山府君也南據嵩岳北帶洛瀍晉元康二年九月太歲庚午帝遣殿中中郎將關内侯樊廣緱氏令王興傳瀆奉宣詔命興立廟殿焉又有白蟲將軍顯靈碑碑云將軍姓伊氏諱益字隤敳

帝高陽之第二子伯益者也晉元康五年七月七
日順人吴義等建立堂廟永平元年二月二十日
刻石立頌賛示後賢矣其水東北流入百相澗又
北逕袁公塢東蓋公路始固有此也故有袁公之
名矣北流注于羅水羅水又西北逕袁公塢北又
西北逕潘岳子父墓前有碑岳父芘瑯琊太守碑
石破落文字缺岳碑題云給事黄門侍郎潘君
之碑碑云君遇孫秀之難闔門受禍故門生感覆
醢以增慟乃封碑以記事大常潘尼之辭也羅水
又於訾城東北入于洛水也
又東北過鞏縣東又北入于河
洛水又東明樂泉注之水出南原下三泉並導故

世謂之五道泉即古明溪泉也春秋昭公二十二
年師次于明溪者也洛水又東逕鞏縣故城南東
周所居也本周之畿内鞏伯國也春秋左傳所謂
尹文父涉于鞏即於此矣洛水又東濁水注之即
古湟水也水出南原京相璠曰訾城北三里有黄
亭陌此亭也春秋所謂次于黄者也洛水又東北
洞水發南溪石泉世亦名之爲石泉也京相璠曰
鞏東地名坎欿在洞水東疑即此水也又逕盤谷
塢東世又名之曰鹽谷水司馬彪郡國志鞏有坎
欿聚春秋僖公二十四年王出及坎欿服虔亦以
爲鞏東邑名也今考厥文若狀焉而不能精辨耳
晉太康地記晉書地道並言在鞏西非也其水又

北入洛

洛水東北流入于河

山海經曰洛水成皐西入河是也謂之洛汭即什谷也故張儀說秦曰下兵三川塞什谷之口謂此川也史記晉義曰鞏縣有郭谷水者也黃帝東巡河過洛修壇沉璧受龍圖於河龜書于洛赤文篆字堯帝又循壇河洛釋良即沉榮光出河休氣四塞白雲起廻風逝赤文綠色廣袤九尺負理平上有列星之分什政之度帝王錄記興亡之數以授之又東沈書於日稷赤光起玄龜負書背甲赤文成字遂禪於舜舜又習堯祀沈書於日稷赤光起玄龜負位至于稷下榮光休至黃龍卷甲書圖壇

畔赤文綠錯以授舜舜以禪禹殷湯東觀於洛習禮堯壇降璧三沈榮光不起黃魚雙躍出濟於壇黑烏以洛隨魚亦上化爲黑玉赤勒之書黑龜赤文之題也湯以伐桀故春秋說題辭曰河以道坤出天苞洛以流川吐地符王者沉禮焉竹書紀年曰洛伯用與河伯馮夷鬬蓋洛水之神也昔夏大康失政爲羿所逐其昆弟五人須於洛汭作五子之歌於是地矣

伊水出南陽縣西荀渠山

山海經曰蔓渠之山伊水出焉淮南子曰伊水出上魏山地理志曰出熊耳山即麓大同陵巒互别耳水自熊耳東北逕鸞川亭北蓺水出蓺山北流

際其城東而北入伊水世人謂伊水爲鸞水姦水
爲交水故名斯川爲鸞川也又東爲淵潭潭渾若
沸亦不測其深淺也伊水又東北逕東亭城南又
屈逕其亭東東流者也

東北過郭落山

陽水出陽山陽溪世人謂之太陽谷水亦取名焉
東流入伊水伊水又東北鮮水入焉水出鮮山北
流注于伊尹水又與蠻水合水出盧氏縣之蠻谷
東流入于伊

又東北過陸渾縣南

山海經曰灊灊之水出於蔓山南流注于伊水今
水出陸渾縣之西南王母澗澗北山上有王母祠

故世因以名溪東流注于伊水即灊灊之水也伊
水歷崕口山峽也翼崕深高壁立若闕崕上有塢
伊水逕其下歷峽北流即古三塗山也杜預釋地
曰山在縣南闞駰十三州志云山在東南今是山
在陸渾故城東南八十許里春秋昭公四年司馬
侯曰四嶽三塗陽城太室荆山中南九州之險也
服虔曰三塗大行轘轅崤黽非南望也京相璠之
著春秋地名亦云山名也以服氏之言云塗道也
准周書南望之文復言宜爲轘轅大道伊闕皆爲
非也春秋晉伐陸渾請有事於三塗知是山明矣
有七谷水注之水西出女枕山之南七溪山上有
西王母祠東南流注于伊水又北蚤谷水注之水

出女杌山之東谷東逕故亭南東流又于伊水伊
水又東北逕伏流嶺東嶺上有崐崘祠民猶祈焉
劉澄之永初記稱陸渾縣西有伏流坂者也今山
在縣南崕口北三十里許西則非也北與温泉水
合水出新城縣之狠睪山之西南阜下西南流會
于伊水伊水又東北逕伏睹嶺左納焦澗水水西
出鹿臂山東流狐山南其山分立豐上單秀孤峙
故世謂之方山即劉中書澄之所謂縣有孤山者
也東歷伏睹嶺南東流注于伊伊水又東北涓水
注之水出陸渾西山即陸渾山者也尋郭文之故
居訪胡昭之遺像世去不停莫識所在其水有二
源俱導而東注號略在陸渾縣西九十里也司馬

彪郡國志曰縣西號略池春秋所謂東盡于號略
者也北水東流合侯澗水澗出西北侯溪東南流
注于涓水涓水又東逕陸渾縣故城北平王東遷
辛有適伊川見有被髪而祭於野曰不及百年此
其戎乎魯僖公二十二年春晉遷陸渾之戎于伊
川故縣氏之也涓水東南流左合南水水出西山
七谷亦謂之七谷水祖澗東逝歷其縣南又東南
左會北水亂流左合禪渚水水上承陸渾縣東禪
渚渚左原上陂方十里佳饒魚葦即山海經所謂
南望禪渚禹父之所化郭景純注云一禪音暖縣
化羽淵而復在此然已變怪亦無往而不化矣世
謂此澤爲愼望陂陂水南流注于涓陽水涓陽水

又東南注于伊水昔有莘氏女採桑於伊川得嬰
兒于空桑中言其母孕於伊水之濱夢神告之曰
臼水出而東走毋明視而見臼水出焉告其鄰居
而走顧望其邑咸爲水矣其母化爲空桑子在其
中矣莘女取而獻之命養於庖而長有賢德殷以
爲尹曰伊尹也

又東北過新城縣南

馬懷橋長水出新城西山東逕晉使持節征南將
軍宋均碑南均字文平縣人也其碑大始三年十
二月立其水又東流入于伊又有明水出梁縣西
狼皐山俗謂之石澗水也西北流逕楊亮壘南西
北合康水亦狼皐山東北流逕范塢北與明水合

北汝西南流入于伊山海經曰放皐之山明水出
爾南流注于伊水是也伊水又與大戟水會出渠
縣西水有二源北水出廣城西南西南逕楊志塢
北與南水合水源南出廣城澤西流陸渾河南十
二縣薄曰廣城澤在新城縣界黃阜西北流屈而
東逕楊塢南又北屈逕其塢東又逕塢北同注老
倒澗俗謂之老倒澗水西流入于伊伊水又北逕
新城東與吳澗水會水出縣之西山東流南屈逕
其縣故城西又東轉逕其縣南故蠻子國也縣有
鄤聚今名蠻中是也漢惠帝四年置縣其水又東
北流注于伊水伊水又逕西北當階西大狂水入
焉水東出陽城縣之大苦山山海經曰大苦之山

多瑇瑁之玉其陽狂水出焉西南流其中多三足
龜人食之者無大疾可以已腫狂水又西逕綸氏
縣故城南竹書紀年曰楚吾得帥師及秦伐鄭圍
綸氏者也左與倚薄山水合水北出倚薄之山南
逕城黃西又南經綸氏故城東而南流注于狂水
狂水又東入風溪水注之水北出八風山南流逕
綸氏城西西南流入于狂水狂水又西得三交水
口水有二源各道一溪並出山南流合舍故世有
三交之名也其水西南流注于狂水狂水又西逕
缶高山北西南與湮水合水出東北湮谷西南流
逕武林亭東北又屈逕其亭南其水又西南逕湮
陽亭東蓋籍水以名亭也又東南流入于狂狂水

又西逕湮陽城南又西逕當階城南而西流注于
伊伊水又上溝水出玄望西山東逕玄望山南又
東逕新城縣故城北東流注于伊水伊水又北板
橋水入焉水出西山東流入于伊水伊水又北會
厭澗水水出西山東流逕郗垂亭南春秋左傳文
公十七年秋周甘歜敗戎於郗垂者也服虔曰郗
垂在高都南杜預釋地曰河南新城縣北有郗垂
亭司馬彪郡國志曰新城有高都城今亭在城南
七里遺基在京相璠曰舊說言郗垂在高都南今
上黨有高都縣余謂京論疎遠未足以證無知羣
說之旨審矣其水又東注于伊水伊水又北逕高
都城東徐廣史記音義曰今河南新城縣有高都

城竹書紀年梁惠成王十七年東周與鄭高都利
者也又來儒之水出于半石之山西南流逕斌輪
城北西歷芠澗水以其西流又謂之小狂水也其
水又西南逕大石嶺南開山圖所謂大石山也山
下有大石嶺碑河南隱士通明以漢靈帝中平六
年八月戊辰於山堂立碑文字淺鄙殆不可尋魏
文帝獵于此山虎超乘輿孫禮拔劒投虎於是山
山在洛陽南而劉澄之言在洛東北非也山阿有
魏明帝高平陵王隱晉書曰惠帝使校尉陳總仲
元詣洛南山請雨總盡除小祀唯存大石而祈之
七日大雨即是山也來儒之水又西南逕赤眉城
南又西至高都城東西入伊水謂之曲水也

又東北過伊闕中

伊水逕前亭西左傳昭公三十二年晉箕遺樂徵
右行詭濟師取前城者也京相璠曰今洛陽西南
五十里伊闕外前亭矣服虔曰前濆爲泉周地也
伊水又北入伊闕昔大禹疏以通水兩山相對望
之若闕伊水歷其間北流故謂之伊闕矣春秋之
闕塞焉昭公二十六年趙鞅使女寛守闕塞是也
陸機云洛有四闕斯其一焉東巖西嶺並鑴石開
軒高甍架峰西側靈巖下泉流東注入于伊水傳
毅反都賦曰因龍門以暢化開伊闕以達聰也闕
左壁有石銘云黃初四年六月二十四日辛巳大
出水舉高四丈五尺齊此已下蓋記水之漲減也

城竹書紀年梁惠成王十七年東周與鄭高都利
者也又來儒之水出于半石之山西南流逕斌輪
城北西歷芰澗水以其西流又謂之小狂水也其
水又西南逕大石嶺南開山圖所謂大石山也山
下有大石嶺碑河南隱士通明以漢靈帝中平六
年八月戊辰於山堂立碑文字淺鄙殆不可尋魏
文帝獵于此山虎超乘輿孫禮拔劒投虎於是山
山在洛陽南而劉澄之言在洛東北非也山阿有
魏明帝高平陵王隱晉書曰惠帝使校尉陳總仲
元詣洛南山請雨總盡除小祀唯存大石而祈之
七日大雨即是山也來儒之水又西南逕赤眉城
南又西至高都城東西入伊水謂之曲水也

又東北過伊闕中
伊水逕前亭西左傳昭公三十二年晉箕遺樂徵
右行詭濟師取前城者也京相璠曰今洛陽西南
五十里伊闕外前亭矣服虔曰前瀆爲泉周地也
伊水又北入伊闕昔大禹疏以通水兩山相對望
之若闕伊水歷其間北流故謂之伊闕矣春秋之
闕塞焉昭公二十六年趙鞅使女寬守闕塞是也
陸機云洛有四闕斯其一焉東巖西嶺並鐫石開
軒高甍架峰西側靈巖下泉流東注入于伊水傅
毅反都賦曰因龍門以暢化開伊闕以達聰也闕
左壁有石銘云黃初四年六月二十四日辛巳大
出水舉高四丈五尺齊此已下蓋記水之漲減也

石壁又有石銘云永康五年河南府君循大禹之軌部督郵辛曜新城令王琨部監作掾董猗李褒斬岍開石平通伊闕石文尚存也

又東北至洛陽縣南北入于洛

伊水自闕東北流之津右出焉東北引溉東會合水同注公路澗入于洛合無水戰國策曰東周欲爲田西周不下水蘇子見西周君曰今不下水所以富東周也民皆種他種欲食之不如下水以病之東周不必復種稻種稻而復奪之是東周受於君矣西周遂下水即是水之故渠也伊水又東北枝渠左出焉水積成湖北流注于洛今伊水伊水又東北至洛陽縣南逕貟丘東大魏郊天之所准

漢故事建之漢書郊祀志曰建武二年初制郊兆於洛陽城南七里爲圜壇八陛中又爲重壇天地位其上背南向其外壇上爲五帝位其外爲壝重營皆紫以像宮按禮天子大裘而冕祭昊天上帝於此今衮冕也壇壝無復紫矣伊水又東北流注于洛水廣志曰鯢魚聲如小兒有四足形如鱧可以治牛出伊水也司馬遷謂之人魚故著其史記曰始皇帝之葬也以人魚膏爲燭徐廣曰人魚似鮎而四足即鯢魚也

瀍水出河南穀城縣北山

縣北有潛亭瀍水出其北梓 澤中梓澤地名也澤北對原阜即裴氏墓塋所在 碑闕存焉其水歷澤

東南流水西有一原其上平敞古舊亭之處也即
潘安仁西征賦所謂越街郵者也
東與千金渠合
周書曰我卜瀍水西謂是水也東南流水西南有
帛仲理墓墓前有碑題云眞人帛君之表仲理名
護益州巴郡人晉永寧二年十一月立瀍水又東
南流注于穀穀水自千金堨東注謂之千金渠也
又東過洛陽縣南又東過偃師縣又東入于洛
澗水出新安縣南白石山
山海經曰白石之山惠水出于其陽東南注于洛
澗水出于其陰北流注于穀世謂是山曰廣陽山
水曰赤岍水亦曰石子澗地理志曰澗水出新安

縣東南東入洛是爲密矣東北流歷函谷東坂東
謂之八特坂山海經曰北流注于穀摯仲治三輔
決録注云馬氏兄弟五人共居澗穀二水之交作
五門客因舍以爲名今在河南西四十里以山海
經推校里數不殊仲治所記水會尚有故居處斯
則澗水也即周書所謂我卜澗水東言水者是也
東南入于洛
孔安國曰澗水出澠池山今新安縣西北有一水
北出澠池界東南流逕新安縣而東南流入于穀
水安國所言當斯水也然穀水出澠池下合澗水
得其通稱或亦指之爲澗水也並未詳之耳今孝
水東十里有水世謂之慈澗又謂之澗水按山海

經則少水也而非澗水蓋習俗之悞耳又按河南有離山水謂之爲澗水水西北出離山東南流注于離山澗水也又東南流歷郟山於穀城東而南流注于穀舊與穀水亂流流同南入于洛今穀水東入于金渠澗水與之俱東入洛矣或以是水並爲周公之所相卜也呂忱曰今河南使水疑其是即此水也然意所未詳故並書存之耳

水經卷第十五